烟雨任平生

郑培凯讲苏轼

郑培凯——著

丛书主编——董伯韬

CTS 湖南文艺出版社
PUBLISHING & MEDIA HUNAN LITERATURE AND ART PUBLISHING HOUSE

图书在版编目（CIP）数据

烟雨任平生：郑培凯讲苏轼 / 郑培凯著. —— 长沙：
湖南文艺出版社，2023.8
（大家讲人文）
ISBN 978-7-5726-1191-9

Ⅰ. ①烟… Ⅱ. ①郑… Ⅲ. ①苏轼（1036-1101）—
人物研究②苏轼（1036-1101）—古典文学研究 Ⅳ.
①K825.6②I206.441

中国国家版本馆CIP数据核字(2023)第097220号

烟雨任平生：郑培凯讲苏轼

YANYU REN PINGSHENG：ZHENG PEIKAI JIANG SU SHI

著　　者：郑培凯
出 版 人：陈新文
责任编辑：耿会芬
封面设计：Mitaliaume
内文排版：钟灿霞

出版发行：湖南文艺出版社
（长沙市雨花区东二环一段508号 邮编：410014）
网　　址：http://www.hnwy.net
印　　刷：长沙新湘诚印刷有限公司
经　　销：新华书店
开　　本：880mm×1230mm 1/32
印　　张：10
字　　数：160千字
版　　次：2023年8月第1版
印　　次：2023年8月第1次印刷
书　　号：ISBN 978-7-5726-1191-9
定　　价：59.80元

（若有质量问题，请直接与本社出版科联系调换）

主编弁语

"往古之时，丛木曰林。"
在一本文集的小引中，海德格尔这样起笔。

他说："林中有路，每入人迹罕至处，是为林中路。"

他叮嘱人们，那些路看似相类实则迥异，只有守林人认得。

由此亦可想见，
认识些诚实的守林人有多幸运。

而幸运自该分享。
于是有了这部丛书。

这是守林人绘就的地图。

带着它们，当可认识林，认识既显且隐的林中路。

董伯韬
二〇二三癸卯芒种将至在上海

说不尽的苏东坡

郑培凯

（一）

世上有许多偶然，难以解释得清楚。中国人受到佛教的影响，喜欢说"缘"，好像嘴里吐出这个字，就有了终极的答案，一切都清清楚楚，华枝春满，天心月圆，人人都该得到满意的理解，不须再问。然而，有些逻辑性特强的"死脑筋"，却总要穷根究底，认为宇宙大爆炸都应该有个理由，"缘"也得有个缘由，不可让理性懒惰，轻轻放过偶然是否也有必然缘由。就算解释不清楚，至少说说相关的联系，风马牛不相及，也得告诉我们风马牛是什么，及其不相及的原因，缩小漫无边际的"缘"，聚焦到可能相关的"缘"上。

这就说到我研究苏东坡了，是偶然的机缘，也有长期累积的原因。说是偶然，因为我从来没想过，要放下手边已经大体完成的几本书，另起炉灶，从头开始，去研究苏东坡这样宏大如莎士比亚的题目。要不是新冠肺炎疫情来袭，闷在家中整整三年，亲友不敢接触，哪里都去不成，编辑也不再催促快要完成的书稿，我也不会把苏轼的诗文来回看了好几遍，同时成为我书法习作的主要对象，以纾解与调适"坐瘟疫监"的郁闷心境。原来只是为了沉溺在诗歌的艺境中，当作治疗疫病隔离创伤的消遣，没想到一头扎进去，像是进了万花筒的世界。苏轼毕生的波澜壮阔，诗文的五彩缤纷，喜怒哀乐，生离死别，人间所有酸甜苦辣的经历，都历历在目，发人深省。细读苏轼诗文，让我感到这次疫疬带来的悲情，实在只是个人生命体验的小巫，而东坡先生一生波折激荡，超越困厄苦难，上升到豁达的心境，则反映了性灵体悟的能动性，蕴含生命意义的重大启发。东坡被后世誉为"坡仙"，固然显示人们对他崇敬的直觉，却在深层意识中，或多或少，触及他超越性的启示。就如高僧大德得道涅槃，在惊心动魄之中展示了难以企及的平常心，同时又因为苏轼不是出家人，更有人情温暖的亲切。他说过，人间有味是清欢。

　　我前前后后购置了所有能买到的苏轼资料，从影印的宋版到各种校注的诗文集、年谱、传记，为什么？是为了研究，当作学术课题来探索吗？不是，至少一开始不是。我买孔凡礼点校的《苏轼诗集》与《苏轼文集》，是在二十世纪八十年代，算来也近四十年了，一般只是翻阅，是当作消遣读物来读的，从来没有兴起研究苏轼的念头。一直到这三年疫情肆虐，我才憬然醒悟，原来我熟读苏东坡，让我在疫疠横行之际，"泰山崩于前而色不变，麋鹿兴于左而目不瞬"（苏洵语），是有"东坡缘"，应该好好研究，述说苏轼超越人生苦难的心路历程，为我等俗世凡人开悟。

我少年时喜欢读苏轼的词，如《水调歌头》"明月几时有，把酒问青天"的夐洁，《念奴娇》"大江东去，浪淘尽，千古风流人物"的豪壮。我理解的层次非常浮泛，真如辛弃疾说的，"少年不识愁滋味，爱上层楼"，并不知道"但愿人长久，千里共婵娟"，道出了他对弟弟苏辙忱挚深厚的兄弟之情，并由之衍生出人世的无奈与情谊的执着。至于读他的《念奴娇·赤壁怀古》，只感到豪情万丈，最欣赏"遥想公瑾当年，小乔初嫁了，雄姿英发"的潇洒，完全没有体会"人间如梦，一樽还酹江月"的历史苍凉，沧海桑田，白云苍狗，是与他贬谪黄州的心境有关的。中学时代，曾经在校际比赛中朗诵过《赤壁赋》，还记得诵读到"飘飘乎如遗世独立，羽化而登仙"，感觉自己站在讲台上有一种凌然超脱的丰神，好像完全体会了东坡的豪迈，荡胸生层云，一览众山小。这几年多次书写《赤壁赋》，特别是"且夫天地之间，物各有主，苟非吾之所有，虽一毫而莫取。惟江上之清风，与山间之明月，耳得之而为声，目遇之而成色，取之无禁，用之不竭，是造物者之无尽藏也"这一段，才憬然了悟东坡贬谪在黄州，是如何与苦闷的悲情相搏，从历史沧桑之中，体会了生命的当下意义。

中学时曾读胡云翼选注的《宋词选》，选家特别标榜苏辛词的豪放恣肆，认为超越了晏欧的清丽闲愁与柳永的艳情婉约，一时间使我成为苏辛词开放洒脱"以诗为词"的拥趸。读到南宋俞文豹《吹剑续录》的记载："东坡在玉堂，有幕士善讴。因问：'我词何如柳七？'对曰：'柳郎中词，只合十七八女郎，执红牙板，歌'杨柳岸、晓风残月'。学士词，须关西大汉，铜琵琶，铁绰板，唱'大江东去'。公为之绝倒。"以为这就是理解苏轼诗文的准则，直到多年后我反复通读苏轼诗文，特别是自己也经历过生命的波折，才知道这个说法忽略了苏轼词中寄寓的精神志向与内心幽怀，不能完全展现苏词含蕴的生命意义。

胡寅（1098—1156）在《向芗林〈酒边集〉后序》中，说词曲是古乐府的延续，特别比较了柳永与苏轼的词，是这么说的："柳耆卿后出，掩众制而尽其妙，好之者以为不可复加。及眉山苏氏，一洗绮罗香泽之态，摆脱绸缪宛转之度，使人登高望远，举手高歌，而逸怀浩气，超然乎尘垢之外，于是《花间》为皂隶，而柳氏为舆台矣。"单以词学的发展而言，这个说法基本没错，苏轼的词，在义字艺术上的创新，的确"超然乎尘垢之外"，开拓与提升了审美心灵的境界，远远超越《花间》与柳永的旖旎绮丽。但是，这个说法仅止于描述苏轼词的文学成就，不但没有涵括他的诗歌与文章，更未触及苏轼心灵境界的超升过程，因而无法呈现苏轼在文化意义上的伟大贡献。

（二）

苏轼的性格非常有趣，最让人难忘的是，豪爽不羁，才华横溢，多少有点恃才傲物。他的豪爽与不羁，展现在俗世环境，有时会刺激循规蹈矩的元老与当政的权贵，给他带来不少困扰。然而，他横溢的才华却不因政坛的挫折而铩羽，更在想象世界之中翱翔，通过心灵范畴的探索与追求，化作优美的文辞，在困厄中发现精神超越的海阔天空。苏轼晚年遭到放逐岭海的命运，几乎丧命在海南，在相当程度上是他昔日好友章惇一手造成的。那么，这个章惇是何许人也？他们年轻的时候怎么成为莫逆之交，又怎么老死不相往来的呢？说到底，都是因为政治斗争，两人站在不同的阵营，成了不共戴天的政敌。王安石推行新政，依附者成了"新党"，反对者则被目为"旧党"，新旧斗争，互不妥协，反复多次之后，出现你死我活的两军对垒之势，苏轼与章惇也就因为政见不同，终于选择在政坛割袍断义，你走你的阳关道，我走我的独木桥。

他与章惇的交往与冲突，以及仕途升迁降徙，一个饱受诬陷与打击，几乎贬死海南，另一个则衡情量势，青云直上，最能呈显两人的性格与人生的抉择。他们原是好友，性格也有相似之处，都是豪迈不群、恃才傲物的人物，也都才华横溢，受人瞩目。然而，两人豪迈的天性虽然相似，待人处世的方式却大不相同。苏轼对人比较仁厚，虽然不是"温良恭俭让"的典范，却在论人论事的豪放恣肆之中，保有一种悲悯与天真。他能够自己先退一步，像支裔繁多的大家族里，作为公正又体贴的当家人，尽心尽力为他人着想，干练却淳朴，最难得的是，还带着几分黑色幽默的自嘲。章惇则不然，像是严守家法的族长，有如司马迁描述的商鞅，"尊爵必赏，有罪必罚"，是"天资刻薄人也"（《史记·商君列传》）。王安石称赞商鞅，说"今人未可非商鞅，商鞅能令政必行"，自我期许新政的推行，也可以拿来形容章惇雷厉风行的行事风格。苏轼与章惇订交，一见如故，反映了两人性格相近，开始看不出其间的根本差异。两人都有"致君尧舜上"的宏愿，在政坛上经常展现自我主体的存在感，因此惺惺相惜，倾盖论交。后来由于政治取态的冲突，成为不共戴天的政敌，显示表面上的豪迈性格，是他们当初结交的基础，但是牵涉到国家大局的政策方针，对王安石新法的态度，以及随之而来的政治斗争，两人的选择就出现分道扬镳的取向了。

《宋史》卷338《苏轼列传》论苏轼的性格与遭遇，充满了同情与惋惜。一方面感慨他不能收敛飞扬跋扈的才情，以至于遭到攻讦与迫害，然而，志气与节义值得赞扬。另一方面则委婉陈说，认为苏轼没能成为宰相，固然是命运安排，或许造就了他在文章立言上的不世贡献，也是文化的大幸：

> 器识之闳伟，议论之卓荦，文章之雄隽，政事之精明，四者皆能以特立之志为之主，而以迈往之气辅之。故意之所向，言足以达其有猷，行足以遂其有为。至于祸患之来，节义足以固其有守，皆志与气所为也。仁宗初读轼、辙制策，退而喜曰："朕今日为子孙得两宰相矣。"神宗尤爱其文，宫中读之，膳进忘食，称为天下奇才。二君皆有以知轼，而轼卒不得大用。一欧阳修先识之，其名遂与之齐，岂非轼之所长不可掩抑者，天下之至公也，相不相有命焉，呜呼！轼不得相，又岂非幸欤？或谓："轼稍自韬戢，虽不获柄用，亦当免祸。"虽然，假令轼以是而易其所为，尚得为轼哉？

而章惇则在《宋史》卷471，列为"奸臣"之尤，叙述他为官刚毅果断的作为，打击异己毫不留情，结尾是如此评论的：

> 惇敏识加人数等，穷凶稔恶，不肯以官爵私所亲，四子

连登科，独季子援尝为校书郎，余皆随牒东铨仕州县，讫无显者。妻张氏甚贤，惇之入相也，张病且死，属之曰："君作相，幸勿报怨。"既祥，惇语陈瓘曰："悼亡不堪，奈何？"瓘曰："与其悲伤无益，曷若念其临绝之言。"惇无以对。

《宋史》所呈现的两人性格，都是器识过人，气概不可一世，但苏轼对人和善，爱护身边亲朋好友不说，对老百姓也平等相待，深得民心。章惇则不同，《宋史》说他"穷凶稔恶"，是以儒家道德史观看待酷吏的惯例，尽其抨击之能事，让人感到这是十恶不赦的坏人。然而，所举的例证却是"不肯以官爵私所亲"，对自己的四个亲生儿子都不照顾，都不肯在官场上特拔提携，严守官场避嫌无私的纪律，绝不把权力私相授受给亲人。于此，我们可以发现，传统正史对历史人物的评价，有着强烈的道德偏颇，同情苏轼晚年遭贬岭海，就对贬谪苏轼的罪魁祸首章惇，毫不留情打上"奸臣"的历史烙印。平心而论，章惇打击苏轼，虽非对待老友之道，但也并不比王安石严苛。《宋史》引朱熹评论安石，以为是"天下之公言"："汲汲以财利兵革为先务，引用凶邪，排摈忠直，躁迫强戾，使天下之人，嚣然丧其乐生之心。卒之群奸嗣虐，流毒四海，至于崇宁、宣和之际，而祸乱极矣。"其实，章惇对待政敌的态度，尽以推行新政为第一考虑，手段倾向赶尽杀绝，但又不因立场不同而落井下石，也不因私人交情而稍加宽假。

宋人对苏轼与章惇的交往，多有着墨之处，想来是感叹世事难料，一代好友居然反目成仇。《宋史·章惇传》一开头说到他与苏轼年轻时的交往：

惇豪俊，博学善文。进士登名，耻出侄衡下，委敕而出。再举甲科，调商洛令。与苏轼游南山，抵仙游潭，潭下临绝壁万仞，横木其上，惇揖轼书壁，轼惧不敢书。惇平步过之，垂索挽树，摄衣而下，以漆墨濡笔大书石壁曰："苏轼、章惇来。"既还，神采不动，轼拊其背曰："君他日必能杀人。"惇曰："何也？"轼曰："能自判命者，能杀人也。"惇大笑。

引述章惇冒生命危险，到万丈绝壁上题字的经历，出自曾慥《高斋漫录》：

苏子瞻任凤翔府节度判官，章子厚为商州令，相得欢甚。同游南山诸寺，寺有山魅为祟，各不敢宿。子厚宿，山魅不敢出。抵仙游潭，下临绝壁万仞，岸甚狭，横木架桥。子厚推子瞻过潭书壁，子瞻不敢过。子厚平步以过，用索系树，蹑之上下，神色不动，以漆墨濡笔大书石壁曰："章惇、苏轼来游。"子瞻拊其背曰："子厚必能杀人。"子厚曰："何也？"

子瞻曰："能自拼命者，能杀人也。"子厚大笑。

章惇这种年少轻狂的事迹，大概苏轼见到不少，两人年轻时候的交游，充满了无限乐趣。陈鹄《耆旧续闻》记载苏轼在凤翔为官，与章惇酒后出游，章惇吓唬老虎的气势，颇可作为后世《水浒传》武松打虎的张本：

> 子厚为商州推官，子瞻为凤翔幕佥，小饮山寺。闻报有虎，二人酒狂，勒马同往观之。去虎数十步，马惊不敢前。子瞻曰："马犹如此，着甚来由。"乃转去。子厚独鞭马向前去曰："我自有道理。"既近，取铜沙锣于石上擦响，虎即惊窜。归谓子瞻曰："子定不如我。"

这两段记载发生在宋英宗治平元年（1064）正月，当时章惇商洛令任期刚满，特别约了友人苏旦、安师孟，同往凤翔去拜访苏轼，苏轼则尽地主之谊，陪章惇等游终南山楼观、五郡、大秦寺、延生观、仙游潭等名胜。《金石萃编》卷140载有章惇此游的题记："惇自长安率苏君旦、安君师孟至终南，谒苏君轼，因与苏游楼观、五郡、大秦、延生、仙游。旦、师孟二君留终南。回，遂与二君过渼陂，渔于苏君旦之园池，晚宿草堂。明日，宿紫阁。惇独至白阁废寺，还复宿草堂。间过高观，题名潭东石上。且将宿百塔，登南五台与太一湫，道华严，趋长安，别二君，而惇独东也。甲辰正月二十三日京兆章惇题。"苏轼也在诗集中写了十一首诗，《自清平镇游楼观、五郡、大秦、延生、仙游，往返四日，得十一诗，寄子由同作》，记录他带领章惇等人游赏的经历。其中《仙游潭》一首，有苏轼自注："潭上有寺三。一在潭北，循黑水而上为东路，至南寺。渡黑水西里余，从马北上为西路，至北寺。东路险，不可骑马，而西路隔潭，潭水深不可测，上以一木为桥，不敢过。故南寺有塔，望之可爱而终不能到。"这个潭水深不可测上的独木桥，就是苏轼不敢过，而章惇"平步以过"的天险。

时过十一年，到熙宁八年（1075）章惇出任湖州知府，曾经给苏轼写过一首《寄苏子瞻》："君方阳羡卜新居，我亦吴门葺旧庐。身外浮云轻土苴，眼前陈迹付篷篨。涧声山色苍云上，花影溪光罨画余。他日扁舟约来往，共将诗酒狎樵渔。"这首诗的背景是章惇在朝被人弹劾而外放，情况颇似一直被当权新党排斥的苏轼，都流落到江南，远离朝廷。苏轼曾任杭州通判，到常州与润州赈灾，曾盼望能在常州阳羡（今宜兴）地区买田卜居，终老江湖。章惇遭贬湖州，也兴起了退隐的念头，视功名利禄为浮云，想与苏轼一同诗酒风流，享受湖光山色的悠闲生活。诗中提到的"罨画"是阳羡地方风光明媚的罨画溪，苏轼期盼卜居之处，可以扁舟来往，渔樵江渚，快意悠游。章惇此时寄给苏轼好几首诗，希望能够在江南相会，但苏轼已经转任山东密州知州，于是次韵，回了《和章七出守湖州二首》，其一："方丈仙人出渺茫，高情犹爱云水乡。功名谁使连三捷，身世何缘得两忘。早岁归休心共在，他年相见话偏长。只因未报君恩重，清梦时时到玉堂。"说的是，章惇从朝廷高位出守湖州，来到江南云水之乡。昔日功名显著，名列前茅，却也想过归隐山林，只不过心中时时挂念国事，连做梦都会想到庙堂之事。其二："绛阙云台总有名，应须极贵又长生。鼎中龙虎黄金贱，松下龟蛇绿骨轻。雪水未浑缨可濯，弁峰初见眼应明。两厄春酒真堪羡，独占人间分外荣。"讲的是章惇功高名显，应该好好养生服药，保重身体，以期日后担当大任。在湖州雪水、弁峰这样山水明媚之地，休养生息，喝着江南的春酒，也是令人羡慕的好时光。诗中回忆了好朋友昔日相聚，共盼归休的愿望，更期望异日相见能够互道衷情。

苏轼与章惇憧憬在江南诗酒风流的场景，始终没有实现。苏轼从密州知州升迁到徐州，之后又调任章惇当过太守的湖州，时在元丰二年（1079），此时章惇已经召回朝廷，任翰林学士了。苏轼任湖州太守不久，就爆发了乌台诗案，系狱御史台（乌台），生死未卜。告讦苏轼的一批御史官员，搜罗苏轼诗文对新政缺失的嘲讽，决意置其于死地，身为副宰相的章惇在关键时候向神宗皇帝进言，救了苏轼一命。叶梦得《石林诗话》记载："元丰间，苏子瞻系御史狱，神宗本无意深罪子瞻，时相（王珪）进呈，忽言苏轼于陛下有不臣意。神宗改容曰：'轼固有罪，然于朕不应至是，卿何以知之？'时相因举轼《桧诗》'根到九泉无曲处，岁寒惟有蛰龙知'之句，'陛下龙飞在天，轼以为不知己，而求知地下之蛰龙，非不臣而何？'神宗云：'诗人之词，安可如此论，彼自咏桧，何预朕事。'时相语塞。子厚（章惇）亦从旁解之，遂薄其罪。子厚尝以语余，且以丑言诋时相，曰：'人之害物，无所忌惮，有如是也！'"

苏轼的好友王巩（定国）写有《闻见近录》，说得更为清楚，不过时序似乎有点错乱："苏子瞻在黄州，上数欲用之，王禹玉（王珪）辄曰：'轼尝有此心惟有蛰龙知之句，陛下龙飞在天而不敬，乃反求知蛰龙乎？'章子厚曰：'龙者非独人君，人臣皆可以言龙也。'上曰：'自古称龙者多矣，如荀氏八龙，孔明卧龙，岂人君也？'及退，子厚诘之曰：'相公乃覆人家族邪？'禹玉曰：'此舒亶言尔。'子厚曰：'亶之唾，亦可食乎？'"这个舒亶就是联合御史中丞李定，罗织罪名，一心想要害死苏轼，借以成名的御史里行（见习御史）。章惇不齿这一批御史在苏轼诗中吹毛求疵，罗织罪名，实在是伤天害理，于是挺身而出，甚至当面责骂当朝宰相，说他吃舒亶的口水，满口胡柴。乌台诗狱爆发，是新党对付旧党的杀鸡惩猴阴谋，想借着审理苏轼诗文的唱和对象，株连旧党元老如司马光、文彦博、韩琦等人，让他们永世不得翻身。章惇在这个特殊的政治斗争当口，以新党权贵的身份，维护苏轼的生命安全，可谓义薄云天，尽了朋友之谊。

苏轼贬谪黄州，亲朋好友不敢与他来往通信，倒是章惇写信来嘘寒问暖，让苏轼感激莫名，写了两封回信。第一封信表达了他的感激之情，并回顾昔日友朋间对章惇的印象，是"奇伟绝世，自是一代异人。至于功名将相，乃其余事"。这封长信写得极为诚恳，甚至把章惇对他的告诫比为亲人的劝告，爱护之情不亚于最亲近的弟弟子由，反映苏轼心目中的章惇不仅是诤友，还是救急救难的真正知心朋友：

> 轼顿首再拜子厚参政谏议执事。去岁吴兴，谓当再获接奉，不意仓卒就逮，遂以至今。即日，不审台候何似？轼自得罪以来，不敢复与人事，虽骨肉至亲，未肯有一字往来。忽蒙赐书，存问甚厚，忧爱深切，感叹不可言也。恭闻拜命与议大政，士无贤不肖，所共庆快。然轼始见公长安，则语相识，云："子厚奇伟绝世，自是一代异人。至于功名将相，乃其余事。"方是时，应轼者皆怃然。今日不独为足下喜朝之得人，亦自喜其言之不妄也。
>
> 轼所以得罪，其过恶未易以一二数也。平时惟子厚与子由极口见戒，反复甚苦，而轼强狠自用，不以为然。及在囹

圄中，追悔无路，谓必死矣。不意圣主宽大，复遣视息人间，若不改者，轼真非人也。来书所云："若痛自追悔往咎，清时终不以一眚见废。此乃有才之人，朝廷所惜。"如轼正复洗濯瑕垢，刻磨朽钝，亦当安所施用？但深自感悔，一日百省，庶几天地之仁，不念旧恶，使保首领，以从先大夫于九原足矣。轼昔年粗亦受知于圣主，使少循理安分，岂有今日？追思所犯，真无义理，与病狂之人蹈河入海者无异。方其病作，不自觉知，亦穷命所迫，似有物使。及至狂定之日，但有惭耳。而公乃疑其再犯，岂有此理哉？然异时相识，但过相称誉，以成吾过，一旦有患难，无复有相哀者。惟子厚平居遗我以药石，及困急又有以收恤之，真与世俗异矣。

黄州僻陋多雨，气象昏昏也。鱼稻薪炭颇贱，甚与穷者相宜。然轼平生未尝作活计，子厚所知之。俸入所得，随手辄尽。而子由有七女，债负山积，贱累皆在渠处，未知何日到此。见寓僧舍，布衣蔬食，随僧一餐，差为简便，以此畏其到也。穷达得丧，粗了其理，但禄廪相绝，恐年载间，遂有饥寒之忧，不能不少念。然俗所谓水到渠成，至时亦必自有处置，安能预为之愁煎乎？初到，一见太守，自余杜门不出。闲居未免看书，惟佛经以遣日，不复近笔砚矣。会见无期，临纸惘然。冀千万以时为国自重。

　　这封信透露了许多信息，显示了章惇在苏轼此时心目中的形象与地位。苏轼很会写信，很清楚自己目前是戴罪之身，如何向当今执政的副宰相说话。首先是如何开头，如何表达自己衷心的崇高敬意，又不失挚友的身份，于是有了"轼顿首再拜子厚参政谏议执事"这么一句。紧接着就说到湖州上任，随即被逮，身系乌台诗狱一事，一方面联系章惇曾任湖州太守，与他在同地担任过地方首长，完全理解他仓卒就逮的尴尬，另方面又以"大恩不言谢"的方式，说了一句"遂以至今"，暗含章惇在御前搭救的高谊，让他脱离乌台囹圄，表达了无限的感激。随后说到他贬谪黄州，人人避之唯恐不及，没有人敢跟他来往，"虽骨肉至亲，未肯有一字往来"。在这样遭到举世抛弃与冷待之时，只有章惇还关心他，"忽蒙赐书，存问甚厚，忧爱深切，感叹不可言也"，因此，他重申昔日对章惇的看法是"奇伟绝世"，在自己的遭难境遇中，又得到了证实。章惇写信给贬谪黄州的苏轼，意在慰问，同时劝告他应该深自痛悔，不要再批评朝廷。朝廷知道他是有才之人，十分爱惜他的才华，虽然现在犯了错误，将来还是有机会起用的。苏轼在这封回信中，信誓旦旦，说自己过去像犯了疯癫之症，向圣主狂吠了一番，痛定思痛，以后不会再犯了。信的结尾，叙述了自己谪居黄州的苦境，有可能衣食不继，不过，船到桥头自然直，到那时再说，现在学乖了，跟着定惠院的和尚"布衣蔬食"，读读佛书，不再胡乱涂写诗文了。倒是显示了苏轼随遇而安的本色。

发出第一封信不久，苏轼接着写了第二封信，问章惇是否收到去信，然后就说，自己并不想打扰日理万机的章惇，可是有件事非得拜托他关注一下。事缘苏轼在徐州太守任上，附近盗贼横行，苏轼曾答应地方豪强程棐、程岳兄弟，若能帮着缉捕剿灭贼众，就奏报朝廷，赦免程岳牵连的案件。程氏不负所望，捕获妖贼及其党羽，此时苏轼已经调任湖州，正要写章奏报，却突然遭到逮捕，无法妥善办理此事。等他贬谪黄州，程棐又派人来报告，妖贼已经正法，而他也受到朝廷褒奖，得了禁卫殿直一职。苏轼耿耿于怀的是，他当初答允要解决程岳牵扯的案情未了，"而轼乃以罪废之故，不为一言以负其初心，独不愧乎？"因此，希望章惇关注一下，帮忙赦免程岳，或收取他作为一名武弁，报效朝廷。

苏轼在黄州写的这两封信，明确显示他对章惇的信赖与依靠，认为章惇关心他贬谪后的生活与前途，甚至可以帮他解决未了的心愿。我们不清楚程岳案情的下文，却可从苏轼第二封信中看到，他心目中的章惇，不啻救苦救难的菩萨。

（三）

苏轼在黄州的困厄日子，到了元丰七年（1084）暮春，终

于结束，朝廷量移他到汝州，也就是解除了他的黄州贬谪罪
惩。他在沿江北上的过程中，会见了王安石，两人一笑泯恩仇，
又得到朝廷恩许在常州买田居住。不久神宗驾崩，哲宗嗣位，
高太皇太后垂帘听政，开始了"元祐更化"，重新起用司马光、
吕公著等旧党人物，苏轼也得以飞黄腾达，委以重任，做到翰
林学士，而章惇则面临旧党人士的反击，开始倒运了。

元祐更化的初期，朝廷政策逐渐变化，章惇的庙堂地位也
就受到弹劾而逐渐削弱。一开始苏轼和章惇的关系还好，甚至
作为宰相司马光的说客，在司马光与章惇关于新政存废的政策
冲突中，劝章惇在朝对时，不要当面折辱宰相。不久之后，苏
辙以谏官身份上了《乞罢章惇知枢密院状》，事态发生了决绝
性的变化。苏辙在状中说到司马光与章惇议论废除差役法之
事，章惇反对一概废除，是居心叵测，以其"巧加智数，力欲
破坏……深误国计"，所以恳请皇上"早赐裁断，特行罢免，无
使惇得行巧智，以害国事"。章惇因此而罢官，贬黜到杭州洞
霄宫当一名无权无势的提举。新旧党争的相互攻讦固然是常
事，但苏辙对章惇的致命打击，做哥哥的苏轼看在眼里，一声
不发，显然是默许的，甚或是商量之后同意的。苏轼不单没有
为章惇伸出援手，还接着上了《缴进沈起词头状》，其中提到
当年新党人物依附王安石新法，"章惇以五溪用"，状中特别
指出，假如不驱逐新党小人，"遂使四方群小，阴相庆幸，吕惠

卿、沈括之流，亦有可起之渐，为害不细。伏望圣明深念先帝永不叙用之诏，未可改易……"苏轼、苏辙兄弟俩，连番重拳出击，是什么意思？是政治斗争的需要？还是政见不同必须选边站队？虽是党争，难道苏轼没有沉默的自由？如此对待当年救自己一命的老友，不得不说苏轼昆仲的作为有亏友道，让人心寒。王文诰在《苏诗总案》卷27有一句按语："公与章惇自来交厚。时子由既奏逐之，公复形于奏牍，自是为不解之仇矣。"

这个"不解之仇"，就出现了当世报。高太皇太后逝世，元祐更化结束，哲宗亲政，恢复"绍圣绍述"，章惇回朝当了宰相，也就是苏轼一路遭贬，连接五次诏令，放逐岭南，又再流落海南之时。苏轼再贬惠州的制词，是他昔日另一位好友林希（字子中），遵从"时相风旨"起草的，其中有如此恶毒的詈骂：

元丰间，有司奏轼罪恶甚众，论法当死，先皇帝特赦而不诛，于轼恩德厚矣。朕初嗣位，政出权臣（指司马光），引轼兄弟，以为己助。自谓得计，罔有悛心，忘国大恩，敢以怨报。若讥朕过失，亦何所不容。乃代予言，诬诋圣考。乖父子之恩，害君臣之义。在于行路，犹不戴天。顾视士民，复何面目？乃至交通阉寺，矜诧幸恩，市井不为，缙绅所耻。尚屈典章，但从降黜。今言者谓轼指斥宗庙，罪大罚轻，国有常刑，非朕可赦，宥尔万死，窜之遐服。虽轼辩足惑众，文足饰非，自绝君亲，又将奚怼？保尔余息，毋重后悔。可特责授宁远军节度副使，惠州安置。

这个林希曾受到苏轼提携，现在却依附章惇，卖友求荣，丑诋苏轼，不遗余力，难怪苏轼接到诰词，揶揄了一句："林大亦能作文耶！"值得我们注意的倒是，苏轼贬逐岭海，从惠州到儋州，一直受到无情的压制与迫害，这一切遭遇都与章惇不无干系，苏轼也清楚章惇对他的仇恨，却从来不再提他们之间的恩怨，表面看是"君子绝交，不出恶声"，或许也反映了苏轼心中有愧，逆来顺受。

等到徽宗登基，想要调和新旧党派的矛盾，从海南召回苏轼之时，章惇则因反对徽宗即位，又再次倒运，遭贬雷州。苏轼在北归途中，身染重病，听说章惇遭到流放，不但毫无幸灾乐祸之想，还在接获章惇的儿子章援（致平）祈求帮助之时，扶病修书，写了如下的劝慰：

某顿首致平学士。某自仪真得暑毒，困卧如昏醉中。到京口，自太守以下，皆不能见，茫然不知致平在此。得书，乃渐醒悟。伏读来教，感叹不已。某与丞相定交四十余年，虽中间出处稍异，交情固无所增损也。闻其高年，寄迹海隅，此怀可知。但以往者,更说何益,惟论其未然者而已。主上至仁至信,草木豚鱼所知也。建中靖国之意,可恃以安。又海康(雷州)风土不甚恶,寒热皆适中。舶到时,四方物多有,若昆仲先于闽客、广舟准备,备家常要用药百千去,自治之余,亦可以及邻里乡党。又丞相知养内外丹久矣,所以未成者,正坐大用故也。今兹闲放,正宜成此。然只可自内养丹,切不可服外物也。(舒州李惟熙丹,化铁成金,可谓至矣,服之皆生胎发。然卒为痈疽大患,皆耳目所接,戒之!戒之!)某在海外,曾作《续养生论》一首,甚欲写寄,病困未能。到毗陵,定迭检获,当录呈也。所云穆卜,反复究绎,必是误听。纷纷见及已多矣,得安此行,为幸!为幸!更徐听其审。又见今病状,死生未可必。自半月来,日食米不半合,见食却饱,今且速归毗陵,聊自欺"此我里",庶几且少休,不即死。书至此,困惫放笔,太息而已。

写信之时,苏轼已经病入膏肓,饮食困难,只盼尽早回到"却认他乡是故乡"的毗陵(常州),终老于彼,聊以自欺罢了。写完此信不久,苏轼抵达常州,病重不起,就在常州逝世了。所以,这封信也就总结了他与章惇的恩怨情仇,袒露了他内心的纠结,发出"某与丞相定交四十余年,虽中间出处稍异,交情固无所增损也"的感叹。他们的交情,怎么可能"无所增损"？只是都到了日薄西山之时，自己在京口的金山寺写了《自题金山画像》"心似已灰之木，身如不系之舟。问汝平生功业，黄州惠州儋州"的诗句，而比他年长两岁的章惇也以高龄贬到天涯海角的雷州，所以，"但以往者，更说何益，惟论其未然者而已"。他最后告诉章援的，是希望章惇保养身体，常备居家药用，养生为妥。苏轼死后一年，章惇调回江南，最后死在湖州贬谪之地。

（四）

此书本来只是读苏轼诗文的一些札记，材料累积渐多，就写成长篇论文，再后来就深入研究苏轼的生活细节，探索他经历困厄的心理状态。在林林总总的苏轼研究之中，我对苏轼的认识与理解，基本出自个人的生命体会，假如有助于理解苏轼的人生轨迹，也只能算是一己之见，本无意献曝。董伯韬兄渊雅多材，慨然愿为刊布；内子鄢秀也从旁督促，故将初步成果呈现在这里。其实，就像这篇代序所展示的，苏东坡的生命历程是说不尽的，这本书至多只描述了几个侧面，还有些心得，有待以后再来补述。算起来，读苏东坡超过一个甲子有多，毕竟还是有些心得的。

目
录
Contents

辑一　生如逆旅

雪泥鸿爪 003

湖山信是东南美 006

"不谒虎丘，即谒闾丘" 015

三瑞堂"恶"诗 031

此身聚散何穷 041

半随飞雪渡关山 045

"过于昌黎远矣" 049

寒食雨之后 059

苏州闾丘来入梦 067

兹游奇绝冠平生 073

天涯何处无芳草 105

辑二 诗酒趁年华

从来佳茗似佳人 121

白土与擂茶 126

苏轼品水 130

黄州种茶 143

幽人贞吉 147

东坡的由来 151

谁与偕游 156

把盏为乐 160

吃素不杀生 164

定惠院书迹 195

黄庭坚评东坡书法 223

附录：苏东坡的情趣人生 237

辑一
生如逆旅

雪泥鸿爪

　　"雪泥鸿爪"是我们常用的成语，描述飞鸿落在半融的积雪上，虽然留下了爪印，但很快就会消失，只余化为雪水的回忆。因为意象鲜明，后来就成为诗文中习用的典故，比喻往事中残余的记忆痕迹，多少带着伤感的情绪，让人联想到"春梦了无痕"，生命的经历如过眼烟云，却又更为冷峭孤凄。

　　原典出自苏轼的一首和诗，是写给他弟弟苏辙的《和子由渑池怀旧》："人生到处知何似，应似飞鸿踏雪泥。泥上偶然留指爪，鸿飞那复计东西。老僧已死成新塔，坏壁无由见旧题。往日崎岖还记否，路长人困蹇驴嘶。"这首诗写得非常精彩，乍看平铺直叙，却又比喻深刻，道尽了离别的遗憾与牵挂。思念不但绵绵不绝，而且来回往复，在心底叠加起过去相聚的场景，徒增怅惘。前半段诗意带有普适性的人生感慨，点出个体生命与宇宙时空的交集，一霎即逝，很像梦幻泡影。但人生又有实存经验，并非虚幻，后半段诗就叙述了诗人与弟弟共同经历过的生命片段，往事并不如烟。

诗作于嘉祐六年（1061）十一月，苏轼二十六岁（虚岁），赴凤翔担任签判。弟弟苏辙送行到郑州，经过渑池，分手后，苏辙写了一首《怀渑池寄子瞻兄》："相携话别郑原上，共道长途怕雪泥。归骑还寻大梁陌，行人已度古崤西。曾为县吏民知否？旧病僧房壁共题。遥想独游佳味少，无言骓马但鸣嘶。"这首诗有苏辙自注："辙曾为此县簿，未赴而中第。"说的是当年（1056）苏辙曾获授渑池县吏，因为中了进士而没有上任，对渑池是有感情的。"旧病僧房壁共题"一句也有自注："昔与子瞻应举，过宿县中寺舍，题老僧奉闲之壁。"写的是兄弟随父亲苏洵离开四川赴汴京应试，经过渑池，在僧舍中住宿停留的情景。可以想象，兄弟二人相亲相爱，同进同出，在渑池寺院中写诗题壁，那年苏轼二十一岁（虚岁），苏辙十九岁（虚岁），正是青春年少，意气昂扬之时。

五年之后，兄弟二人在渑池附近分手，各奔前程，不禁想起当年的经历。苏辙诗中提到"长途怕雪泥",引发苏轼和诗的想象翱翔,塑造出雪泥鸿爪的意象。而"僧房壁共题"一句,则让苏轼想到,此时老僧奉闲已经辞世,题壁也已坏圮无存:"老僧已死成新塔,坏壁无由见旧题。"时过境迁,令人感怀。"无言骓马但鸣嘶"一句,更使得苏轼回忆起当年路途的艰辛:"往日崎岖还记否,路长人困蹇驴嘶。"写下这两句诗后,还加了自注:"往岁马死于二陵,骑驴至渑池。"当年的路途崎岖,马都疲累而死,换了蹇驴,才抵达渑池。时光易逝,往者已矣,更当珍惜生命的意义。

苏轼的和诗写得好,灵感来源清清楚楚,创作思维的脉络有迹可循,苏辙读到,一定是心有戚戚,可谓和诗的典范。

湖山信是东南美

苏轼在熙宁四年（1071）秋天，因为之前反对王安石新法，遭到王安石亲戚诬告，说他滥用职权，贪污舞弊，贩卖私盐，几乎惹出一场大狱。后来总算调查清楚，发现全是无中生有，意图陷害，终于还他清白。苏轼感到京城的政治斗争十分可怕，自己以开诚布公的姿态，说出执政的问题，提出反对意见，居然动辄得咎，要随时警惕藏在暗处的鹰犬，时不时就会射出带着剧毒的冷箭，或是布下置人于死地的陷阱，让人永世不得翻身。想来想去，还是离开京城这块是非之地，外放到州郡，远离斗争激烈的中央。

关于这起乌龙的诬陷事件，苏轼在元祐六年（1091），事情过后二十年，他与退休的王安石已经"一笑泯恩仇"，王安石过世了之后，他曾简略叙述了前因后果，报告给哲宗皇帝，说："先帝圣明，能受尽言，上疏六千余言，极论新法不便。后复因考试进士，拟对御试策进上，并言安石不知人，不可大用。先帝虽未听从，然亦嘉臣愚直，初不谴问。而安石大怒，其党无不切齿，争欲倾臣。御史知杂谢景温，首出死力，弹奏臣丁忧归乡日，舟中曾贩私盐。遂下诸路，体量追捕当时艄工篙手等，考掠取证，但以实无其事，故锻炼不成而止。"苏轼自己说道，当时阴影幢幢，让他感到乌云布满天际，所以虽然证实了自己的清白，还是要求外放。

苏轼恳求外调，也经过了不少周折，本来是希望出去当一把手的，后来朝中总是有人作梗，最后还是神宗皇帝拍板，在熙宁四年（1071）夏天任命他到杭州，去当个二把手通判。苏轼对这个任命基本上是满意的，因为到杭州这样的富庶地方当二把手，资历相当于他处的知州，算是个美差。但是，不让他当地方上的一把手，苏轼也心中有数，在写给他堂兄的信里就透漏了天机："不欲弟作郡，恐不奉行新法也。"就是怕他反对王安石新政，在执行政策上阳奉阴违。不过，他又说，"杭州风物之美冠天下"，到山明水秀的胜地去躲避政治斗争的追杀，也不失为良策。

苏轼从汴京到杭州，一路上走走停停，探亲访友，还特别去颍州拜访了刚刚致仕的老师欧阳修。欧阳修特别向他推荐了住在西湖的和尚惠勤，跟他说："西湖僧惠勤甚文，而长于诗，吾昔为《山中乐》三章以赠之。子闲于民事，求人于湖山间而不可得，则盍往从勤乎？"老师的建议很清楚，推荐惠勤和尚，第一是他有学问，又会作诗，值得当朋友交往。第二，苏轼到杭州当第二把手，必须了解当地的情况，惠勤是个隐居在西湖的高僧，可以提供可靠而适当的指点。

苏轼一路游山玩水，经过寿州、濠州，参观了彭祖庙、虞姬墓，经过洪泽湖，从淮阴到达扬州。又从扬州顺长江而下，参观金山寺，游焦山，登北固山，再经苏州，游览虎丘，还去观赏了苏州报恩寺的古塔（今天的北寺塔），到了熙宁四年年底，终于抵达杭州，已经是阴历十一月二十八日了。

他上任的第三天，腊月一日，就到西湖北畔的孤山去拜访惠勤和尚，可见他对老师的教导，真是言听计从。关于这次拜访，苏轼印象深刻，一方面是西湖山水清音的自然感召，另一方面则是与高僧清谈其乐无穷，让他摆脱了官场斗争的阴影。他初访西湖，回到家里，赶紧就写了这么一首诗：

天欲雪，云满湖，楼台明灭山有无。

水清出石鱼可数，林深无人鸟相呼。

腊日不归对妻孥，名寻道人实自娱。

道人之居在何许？宝云山前路盘纡。

孤山孤绝谁肯庐？道人有道山不孤。

纸窗竹屋深自暖，拥褐坐睡依团蒲。

天寒路远愁仆夫，整驾催归及未晡。

出山回望云木合，但见野鹘盘浮图。

兹游淡薄欢有余，到家恍如梦蘧蘧。

作诗火急追亡逋，清景一失后难摹。

苏轼写西湖的诗，我们最熟悉的是《饮湖上初晴后雨二首》的第二首："水光潋滟晴方好，山色空蒙雨亦奇。欲把西湖比西子，淡妆浓抹总相宜。"大概人人都会背诵，也总被杭州作为观光旅游的口号。其实，他在熙宁四年第一次到杭州做官，任杭州通判时，写过很多咏赞西湖的诗，都很精彩，有些更有意境，不只写眼前美景，还描绘了诗人的心景，如《六月二十七日望湖楼醉书五首》的第一首："黑云翻墨未遮山，白雨跳珠乱入船。卷地风来忽吹散，望湖楼下水如天。"这是他在西湖望湖楼写的，说是"醉书"，大概是像李白醉写那样，与朋友聚饮欢畅，诗兴大发，在众人围观之下，提笔濡墨，龙飞凤舞，一口气书写了五首绝句。诗写得是真好，欢畅淋漓，意象的运用非常活泼，真是大诗人手笔。更重要的是，这首诗写出了雨过天晴的爽朗心境。

苏轼潇洒自如的个性经常在诗中展现。他刚到杭州不久，跟着太守沈公（名立）一起去吉祥院赏牡丹，写过《吉祥寺赏牡丹》一诗："人老簪花不自羞，花应羞上老人头。醉归扶路人应笑，十里珠帘半上钩。"这个吉祥院园圃广袤，牡丹盛放之时，游人如织。据《咸淳临安志》记载，"名人巨公皆所游赏，具见题咏"。东坡的这首诗半写实半自嘲，非常有趣。他自己写过一篇文章《牡丹记叙》，说到观花的经过："自舆台皁隶皆插花以从，观者数万人。"看花的人多如过江之鲫，拥挤程度不亚于二十一世纪的西湖。苏轼畅饮半醉，招摇过市。年纪一把了，也不害羞，像小姑娘一样，满头插了花；自己不害羞，却以拟人笔法描绘花都害羞起来，觉得二八姑娘戴的鲜花，怎么插在老家伙头上。末句的出典来自杜牧的《赠别二首》的第一首："娉娉袅袅十三余，豆蔻梢头二月初。春风十里扬州路，卷上珠帘总不如。"原诗是为十三岁的歌姬张好好所作，正是豆蔻年华，所有卷上珠帘的歌姬都比不上她的青春美貌。苏轼把这典故扭了一转，主角变成插花半醉的老人家，颠颠倒倒走在路上，惹得十里长街人人都卷起珠帘看热闹。他那时还不到四十，现在算"后中年"，一千年前算是长者了，自嘲人老心不老，风流浪荡。诗句诙谐恣肆，展现了他风趣洒脱的个性。

他和后来接任杭州太守的陈述古（陈襄）最是投缘，意趣相合，经常一道游山玩水，十分惬意。后来陈述古离开杭州，苏东坡写了首《虞美人》词给他："湖山信是东南美，一望弥千里。使君能得几回来？便使尊前醉倒更徘徊。沙河塘里灯初上，水调谁家唱？夜阑风静欲归时，惟有一江明月碧琉璃。"苏轼早年只写诗，可他的词反而是我们今天最熟悉的，填词是他中年以后在杭州才开始创作的，而且有好几首词都与陈述古相关，写得非常好。我们或许可以从他词里头看到他的心境，看到朋友给他带来的灵感，反映他的人生态度。

苏轼在杭州将近三年，生活在风光明媚的西湖边上，看雨丝风片烟波画船，赏花品茗，饮酒赋诗，大体来说心情是愉悦的。偶尔也发发牢骚，说些羡慕陶渊明归隐啦，不为五斗米折腰之类，甚至还会说出怀念四川老家的话。发牢骚的主要原因，还是抱怨朝廷偏听偏信，对王安石任用溜须拍马的小人不满。奉承权威的幸进之徒，贪图官位的势利宵小，霸占了政府的要职，只顾推行新政，不管民间疾苦，让志存高远的苏轼看不顺眼。他刚到杭州，就给弟弟苏辙写了两首诗，其中第一首就说："眼看时事力难胜，贪恋君恩退未能。迟钝终须投劾去，使君何日换聋丞。"表示自己无力改变时势，却因身负朝廷命官的责任，不得不尽职尽责。在施行新政这种政治氛围下，自己怎么做都会被人扣上"迁延迟钝"的帽子，早晚要丢了乌纱帽，换上一个耳聋目瞎、唯唯诺诺、只知道打躬作揖的人来接任。

抱怨归抱怨，日子还是得过，官差还是得执行。好在杭州风光真是好，西湖景色天下优，苏轼到孤山谈禅，吉祥寺赏牡丹，望湖楼看新月，望海楼观钱塘潮，到北山一带探幽，夜宿灵隐寺听秋声，游径山坐看云起，与好友烹小龙团饮惠山泉水，都是些赏心乐事。在杭州三载，过着神仙日子，逐渐不太抱怨世道不平了。

苏轼是个勤奋读书，努力办事，敞开胸怀游乐的人。杭州任官三年，官声不错，升任密州知州。密州是个穷地方，又不幸遇上旱灾与蝗灾，让人焦头烂额。苏轼不禁怀念起徜徉西湖的日子，写下《怀西湖寄晁美叔同年》这首诗：

西湖天下景，游者无愚贤。

深浅随所得，谁能识其全。

嗟我本狂直，早为世所捐。

独专山水乐，付与宁非天。

三百六十寺，幽寻遂穷年。

所至得其妙，心知口难传。

至今清夜梦，耳目余芳鲜。

君持使者节，风采烁云烟。

清流与碧巘，安肯为君妍。

胡不屏骑从，暂借僧榻眠。

读我壁间诗，清凉洗烦煎。

策杖无道路，直造意所便。

应逢古渔父，苇间自延缘。

问道若有得，买鱼勿论钱。

离开杭州十五年后，苏轼经历了乌台诗狱死里逃生的淬炼，在黄州度过了辛苦的贬谪生活，以"龙图阁学士充两浙西路兵马钤辖杭州军州事"的身份，回到了杭州，担任太守。这段时期他写下了许多好诗，如写给刘景文的这首七绝，就完美地展现了他对杭州对人生最深情的歌咏："荷尽已无擎雨盖，菊残犹有傲霜枝。一年好景君须记，正是橙黄橘绿时。"秋天到了，一般人想到的是肃杀之气，严冬快要来了。但苏轼强调的却是，看看秋天丰收季节是多么美好，即使寒冬就要来临，不要忘记当下的明爽快乐。

苏轼，是一个完完全全的乐观主义者，内心永远充满光辉，永远在追寻生命中的明丽。

"不谒虎丘，即谒闾丘"

苏轼担任杭州通判的时候，曾经奉命到常州与润州（今天的镇江）一带去赈饥，时在熙宁六年（1073）年底，十二月经过苏州。以公元纪年而言，此时已经进入1074年。他有个好友王诲（规父），是以前的朝廷同事，熙宁六年担任苏州太守，与时任杭州通判的苏轼同在江南佳地，音讯互通。这次苏轼的常、润之行，去程经过苏州，应王诲之请，写了著名的《仁宗皇帝御飞白记》一文，提到宋仁宗赐给王诲父亲王举正"端敏"二字，是精彩的飞白书迹。文章颂扬了仁宗一朝君臣和熙共治，突出王举正立朝清正，当然也随带标榜了王诲的诗礼家风。文中指出，王诲要他撰文，目的是要刻石流传，让仁宗一朝的忠厚伟绩传布于世。苏轼文章的刻石拓片的确流传到后世，元代袁桷就在他朋友姚子敬那里见过，还书写了跋文。（见《清容居士集》卷四十二）

苏轼赈灾的回程在五月间，又经过苏州，通过王诲的精心安排，在苏州结识了一批同调的新知，其中就有王诲特别推崇的苏州人闾丘孝终（字公显）。后来，苏轼经历了乌台诗狱与黄州贬谪，从朝中派回到杭州担任太守，曾写诗和韵给王诲的侄子王瑜，回忆当年过访苏州旧友，说到"老守娱宾得二丘"，自己加了注："郡人有闾丘公。太守王规父尝云：不谒虎丘，即谒闾丘。"可见苏轼最早在苏州认识闾丘，是王诲介绍的，而"苏州有二丘"的说法，并非苏轼自创，也是他从王诲那里听来的。

一

苏轼夏初抵达苏州，公事已毕，在城外玩赏了虎丘，还写了《虎丘寺》一诗，描述虎丘风光，一路从前山的剑池说起：

入门无平田，石路穿细岭。

阴风生涧壑，古木翳潭井。

湛卢谁复见，秋水光耿耿。

铁花秀岩壁，杀气噤蛙黾。

幽幽生公堂，左右立顽矿。

当年或未信，异类服精猛。

胡为百岁后，仙鬼互驰骋。

窈然留新诗，读者为悲哽。

东轩有佳致，云水丽千顷。

熙熙览生物，春意颇凄冷。

我来属无事，暖日相与永。

喜鹊翻初旦，愁鸢蹲落景。

坐见渔樵还，新月溪上影。

悟彼良自咍，归田行可请。

这是苏轼第二次游虎丘，第一次是赴任杭州通判，匆匆经过苏州，走马看花，没有留下吟咏的诗篇。第二次游赏，时间充裕，写了这一首带有特殊风味的记游感怀诗。诗一开头就说虎丘山势岩峣，一条石路穿过山丘，剑池一带阴风飒飒，古木的阴翳覆盖了剑池深潭。传说中耿耿发光的湛卢宝剑，没人见过，但是池旁的铁花岩壁却充满了杀气，吓得蛙群都不敢出声。千人石边是幽静的生公堂，很难想象当年生公说法，顽石听了点头的情景。又过了几百年后，虎丘有鬼魂出现，在石壁上留下令人悲叹的诗歌。虎丘东边有佳致轩，望去是云水千顷，在熙熙春意中颇有凄冷之意。苏轼从目遇的凄清山景，想到自己的行藏，在春暖花开之时，以闲散无事之身徜徉在虎丘，不禁有渔樵江渚之体悟，产生不如归去的念想。

苏轼这首诗写虎丘寂寞凄清，让他顿生人世沧桑之感，而有归田之想，寓意与大多数吟咏虎丘的诗歌不同。乾隆钦定的《唐宋诗醇》卷三十四说："作虎丘诗者，多是缘情绮靡。若此诗，则但见其幽折闃静耳。是非时会不同，乃其命笔取材，别开生径。观前此白居易于东虎丘有'怪石千僧坐，灵池一剑沉'之句，于西虎丘有'摇曳双红旆，娉婷十翠娥'之句，乌鹊黄鹂，红栏绿波，唐时已极繁华艳冶矣。故知此诗是有意避喧，力求岑寂也。"王文诰《苏海识余》卷一也说："《虎丘》诗，'阴风生涧壑，古木翳潭井'，'铁花秀岩壁，杀气噤蛙黾'，似此出落虎丘，别开生面。凡前人诗以艳冶擅场，若不胜情之作，皆一例放倒矣。"

清代学者阐释苏轼此诗寓意，虽然没有提到苏轼的归田之想，分析虎丘景色的描摹与前人关注点不同，倒是十分精到的观察。白居易在苏州当太守的时候，修筑了山塘水路的白公堤，可以一路画船笙歌，直抵虎丘。白居易为此十分得意，写了《武丘寺路（去年重开寺路，桃李莲荷约种数千株）》："自开山寺路，水陆往来频。银勒牵骄马，花船载丽人。芰荷生欲遍，桃李种仍新。好住湖堤上，长留一道春。"称虎丘为武丘，是为了避国讳，因为唐代开国皇帝李渊的祖父名李虎，连便溺用器"虎子"都要改称"马子"的。白居易喜欢到虎丘游乐，一年四季游山玩水，都有歌姬舞姬陪伴，赏花观景，饮酒作乐，写了好些诗酒风流的作品。《唐宋诗醇》举出的白居易诗有两首，分别描述东虎丘与西虎丘的胜景，一是《题东虎丘寺六韵》：

香刹看非远，祇园入始深。

龙蟠松矫矫，玉立竹森森。

怪石千僧坐，灵池一剑沉。

海当亭两面，山在寺中心。

酒熟凭花劝，诗成倩鸟吟。

寄言轩冕客，此地好抽簪。

二是《夜游西虎丘寺八韵》：

> 不厌西丘寺，闲来即一过。
>
> 舟船转云岛，楼阁出烟萝。
>
> 路入青松影，门临白月波。
>
> 鱼跳惊秉烛，猿觑怪鸣珂。
>
> 摇曳双红旆，娉婷十翠娥。
>
> 香花助罗绮，钟梵避笙歌。
>
> 领郡时将久，游山数几何。
>
> 一年十二度，非少亦非多。

由这两首诗可以看到，耽情诗酒的苏州太守白居易，开辟了七里山塘的白公堤之后，到虎丘游赏是多么意气风发，艳冶风流。

《唐宋诗醇》举"怪石千僧坐，灵池一剑沉"，其实不是最好的例句，远不如"酒熟凭花劝，诗成倩鸟吟"两句来得艳冶张致。苏轼诗凄清寂静，不像白居易夜游虎丘，"摇曳双红旆，娉婷十翠娥。香花助罗绮，钟梵避笙歌"，没有娉婷翠娥围绕，没有红袖添香笙歌彻夜的痕迹。或许是他游赏虎丘的时候恰好游人稀少，更可能是他结束了赈灾的任务，心情有几分沉重，而到了苏州，地方旱情未解，可以想象初夏山景之肃杀。他这次虎丘之游，王太守特别为他设宴，却自己闭守官舍，斋戒沐浴，向上苍祈雨，不能亲临，使得情境寂寥，有点尴尬。

苏轼写虎丘的诗，凄清之中带有含蓄的蕴藉，在游山玩水之中，体悟了人生终有繁华落尽之时。自然循环，生死轮回，是无可避免的天经地义，或许解组归田才能超脱，可以请求安排。此诗引发后来诗人的遐想，连番和韵。元末名流杨维桢、张雨、郑元祐、倪瓒同游虎丘，都以此诗为准，次韵赋诗。杨维桢（1296—1370）的《游虎丘，与句曲张贞居、遂昌郑明德、毗陵倪元镇，各追和东坡留题石壁诗韵》，让我们知道苏轼的虎丘诗已经勒石，展示在虎丘的山壁上，不只是诗人名流，就连一般老百姓，都会浏览苏轼的虎丘诗，心存东坡先生曾经到此一游的印象。杨维桢与张雨、郑元祐、倪瓒一同游览虎丘，也一同和韵写诗，更加深了人们心目中苏轼游虎丘的集体记忆：

> 漾舟海涌西，坡陁缘素岭。
>
> 陟彼阖闾丘，俯瞰千尺井。
>
> 至今井中龙，上应星耿耿。

居然碎历飞，残腥洗蛙黾。

已知湛卢精，古愤裂幽矿。

肯随鱼肠逆，寒锋助残猛。

后来入郢功，勇志亦驰骋。

丹台纳婵娟，金锤碎骨哽。

坐令金精气，龙虎散俄顷。

花凝铁壁坚，木根山骨冷。

何哉幽独魂，白日歌夜永。

我从陶朱来，青山异风景。

岂无西家儿，池头弄风影。

五湖尚浮桴，烟波不须请。

张雨（1283—1350）《和虎丘壁东坡韵》：

日出东海头，光气踞兹岭。

渴心我生尘，解后辘轳井。

宁若将军拜，奔泉酬老耿。

莽丘专鬼物，阴壑杂蛇黾。

欧冶千金铸，百炼岂重矿。

似闻神物化，后日属吴猛。

怪蟒既血刃，大道就争骋。

我行试勃窣，鸠杖先祝哽。

小吴不满眼，坐纳三万顷。

风高塔铃语，石迮萝衣冷。

淞水瀚归吴，愚溪柳迁永。

吾非若人徒，短句惜流景。

茶烟寄禅榻，弄我鬓丝影。

散人初无号，奚必烦上请。

郑元祐（1292—1364）《与张天雨、杨廉夫、陈子平诸公游虎丘，次东坡韵》：

昔吴有愚精，兹丘据其岭。

前瞻埋金窆，尚余淬剑井。

简书畏怀异，星日发光耿。

干将不剚咒，牡鞠岂禁黾？

至今点头石，断非跃冶矿。

上机不由智，大将宁论猛？

公剖儒释绪，便从康庄聘。

词镌琬琰严，声抽辘轳哽。

掉鞅清静海，不堕生死顷。

忆昔此采游，六月佩缳冷。

山灵宝其躅，岁月尘劫永。

我生苦后时，惜此媚风景。

坐啸嗟所见，起舞顾其影。

箕尾横青天，有怀无从请。

二

游赏虎丘之后，苏轼到阊丘孝终家做客，写了《苏州阊丘、江君二家，雨中饮酒二首》，记录了欢宴的情景。其一是写阊丘家中的小院方塘，落雨而见波纹潋潋，宾主都十分高兴，希望雨水可以继续淅淅沥沥，纾解旱情，不要因为欢聚的歌声而遏止：

小圃阴阴遍洒尘，方塘潋潋欲生纹。

已烦仙袂来行雨，莫遣歌声便驻云。

不过，到了夜里回到住处，午夜梦回，醒来时听到雨声滴沥，就难免感到酒醒人单的寂寞了：

肯对绮罗辞白酒，试将文字恼红裙。

今宵记取醒时节，点滴空阶独自闻。

为什么苏轼写到落雨，会有如此的兴致，希望滴沥到天明呢？当然是江南初夏，细雨霏霏，有其诗情画意的妩媚，所谓"沾衣欲湿杏花雨，吹面不寒杨柳风"，一直到梅雨季节，都会引起诗人草长莺飞之后花开花落的缠绵情绪。不过，这次苏轼到苏州，情况有点特别，是执行赈灾职务，上一年旱魃肆虐成灾，"大旱之望云霓"成了所有人关心的焦点。苏轼到虎丘游玩，太守王诲特别在虎丘安排了酒宴，请刘述（孝叔）作陪，可是自己却因为是地方领导，正斋戒祈雨，不能参加歌姬云集的宴会。苏轼为此写了两首诗，《刘孝叔会虎丘，时王规父斋素祈雨，不至，二首》，第二首特别说道："太常斋未解，不肯对纤秾。"为了斋戒祈雨，不能参加诗酒风流的宴会，更不能混迹于莺莺燕燕的歌姬群中。因此，虎丘酒宴之后，在阊丘家里得以雨中饮酒，是值得欢庆的事。

苏轼雨中饮酒写的第二首诗：

五纪归来鬓未霜，十眉环列坐生光。

唤船渡口迎秋女，驻马桥边问泰娘。

曾把四弦娱白傅，敢将百草斗吴王。

从今却笑风流守，画戟空凝宴寝香。

则写阊丘孝终六十岁致仕，退休返回家乡苏州，鬓发未霜，老当益壮，有美姬环绕，真是风流太守回乡，享尽香艳人生。苏轼学问大，写诗好用博喻，这里一口气举了四个古代美姬的典故，都与苏州有关：杜牧写的杜秋娘、刘禹锡咏韦苏州（韦应物）的泰娘、白居易听曲的琵琶女、与吴王夫差斗草的西施。看来他与阊丘一见如故，吟诗歌咏，在众姬环绕之中，还少不了戏谑调笑。

苏轼与阊丘的密切交往，后来成了苏州地名的重要典故。王謇的《宋平江城坊考》卷四，记有"阊丘坊巷"与"阊丘坊"两节，记的就是苏轼到访阊丘孝终住处的周遭，水木幽胜，历代都有士大夫文人营造园林，作为休憩之所。到了清代还有顾氏家族的雅园、依园、秀野园，在苏州古早记忆中是文人雅士诗酒风流之处。"阊丘坊"一节是这么说的：

《吴郡志》："张马步桥北。"卢《志》："朝议大夫阊丘孝终所居，故以表之。"《吴郡志》："阊丘孝终，字公显，郡人。尝守黄州。苏文忠公在东坡时，与交从甚密。公后经从，必访孝终，赋诗为乐。孝终既挂冠，与诸名人者艾为九老会。"《姑苏志》："孝终尝知黄州，作栖霞楼，为野中胜绝。未几，挂冠归，与崇大年辈以耆德著称乡里。苏轼云：'苏州有二丘，不到虎丘，即到阊丘。'其为名流推重如此。"

这些苏州地方史料，明确显示苏轼与阊丘的交往，在地方文化记忆中产生了不可磨灭的影响。然而，脍炙人口的地方传闻，也有因记忆模糊而出错之处。这里引南宋范成大《吴郡志》卷二十六："阊丘孝终，字公显，郡人。尝守黄州。苏文忠公在东坡时，与交从甚密。公后经从，必访孝终"，就颠倒了历史事实，造成后人的错误印象。其实是，阊丘孝终当过黄州太守，致仕回乡之后，担任杭州通判的苏轼经过苏州，才初次相识。闾丘担任黄州太守，早在苏轼后来（1080）贬谪黄州之前六年。而且，苏轼在黄州经营东坡，躬自耕作，另有当时的黄州太守关照，也与闾丘丝毫无关。范成大的舛误造成当今以讹传讹的现象，详细情况，请看下文。

苏轼回到杭州不久，调任密州太守，在熙宁七年（1074）九月离开杭州，途经湖州之后，再次抵达苏州。太守王诲设宴为他送行，苏轼写了《阮郎归·苏州席上作》，前半阕是："一年三度过苏台，清尊长是开。佳人相问苦相猜，这回来不来？"傅藻《东坡纪年录》记载的本事是："熙宁七年甲寅，赴密过苏，有问'这回来不来'者，其色凄然。苏守嘉之，令求词，作《阮郎归》。"宴席上的情景很是有趣，是苏轼对酒感慨，他在短短不到一年之内，已经三度过访苏州，交结了许多知心朋友，总是有好酒美姬相伴。这次在太守送别的席上，又有佳人苦苦相问，"这回来不来"，其实就是想念苏轼的到访，问他以后还回来吗？王太守知道，官场调任派遣是由不得已的，所以要陪宴的佳人（官妓）求苏轼留下一首诗词。这首词的下半阕是："情未尽，老先催。人生真可咍。他年桃李阿谁栽？刘郎双鬓衰。"苏轼在词中加深了感慨，想到自己年近四十，岁月不饶人，人生际遇实在令人失笑。这里交叠使用了两个典故，一是崔护的人面桃花故事，二是刘禹锡《玄都观桃花》诗中说的"玄都观里桃千树，尽是刘郎去后栽"。也算是回复了佳人的问询，人生如雪泥鸿爪，不知何年何月再来苏州，即使回来也一定两鬓霜雪，看到的芬芳桃李也是后人栽种的了。

接着还有一场苏州阊门的送别，苏轼写了《醉落魄·苏州阊门留别》：

苍颜华发，故山归计何时决？旧交新贵音书绝。惟有佳人，犹作殷勤别。离亭欲去歌声咽，潇潇细雨凉吹颊，泪珠不用罗巾裛。弹在罗衣，图得见时说。

孔凡礼《三苏年谱》认为这首词作于元丰二年（1079），是由徐州移治湖州时经过苏州所作，我看未必。联系苏轼"一年三度过苏台"的美好经历，应该是此时告别苏州的心境，何况遣词用字所构筑的画面，与上述《阮郎归》如出一辙。我们无法确定这次是何人设宴送别，但送别之地是阊门，也就是七里山塘与苏州城间交接之处，属于繁华的市井商贸区。可以推想，刚刚设宴送别的官府中人应该与阊门送别的场合无关，可能是退休之后的阊丘，临别依依不舍，一直送苏轼到阊门上船离去。词中所写，还是感叹年纪老大，不知何时才能归返家乡。在外游官多年，旧友新知逐渐断绝了音信，只有眼前的佳人，在送别的场合殷勤劝酒。听取凄清呜咽的离歌，回荡在潇潇细雨之中，倍增伤感。催人泪落，还盼再能相见。

这两次送别宴上，间丘应该出席了王太守的官宴，因为他有致仕太守这个身份，同时也是太守王诲念念不忘的"不谒虎丘，即谒间丘"，特意介绍给苏轼的共同朋友。间门送别宴请，可能是间丘的私宴，有"佳人"在场赋唱离歌，殷勤劝酒。想来也只有间丘这样的风流人士，身边围绕着环肥燕瘦的美姬，在别情依依之际，为离宴助兴。苏轼感慨自己远离家乡，与亲友相隔，音书断绝，希望以后还能相见。或许在离歌惨咽声中，苏轼也与间丘约定，之后能够尽早相会。

三瑞堂"恶"诗

苏轼一生经过苏州八次，每次都行色匆匆，只有1074年（熙宁六年年底到熙宁七年秋天）三度经过苏州，与王诲、阎丘孝终交往密切，诗酒风流，恋恋不舍。在此之前，他第一次过访苏州，是在熙宁四年（1071），由汴京赴杭州担任通判，途中经过苏州，走马观花，观赏了虎丘与报恩寺，对这两处当时的著名景点，留下深刻印象。苏轼还在二度过访苏州之时，为报恩寺写了《苏州请通长老疏》，邀请阊门外枫桥水陆院的通长老，到报恩寺担任住持：

　　指衣冠以命儒，盖儒之衰；认禅律以为佛，皆佛之粗。本来清净，何教为律；一切解脱，宁复有禅？而世之惑者，禅律相殊，儒佛相笑。不有正觉，谁开众迷。成都通法师，族本缙绅，实西州之望；业通诗礼，为上国之光。爱自幼龄，绰有远韵。辞君亲于方壮，弃轩冕于垂成。自儒为佛，而未始业儒；由律入禅，而居常持律。报恩寺水陆禅院，四众之渊薮，三吴之会通。愿振法音，以助道化。所为者大，无事于谦。

这个通长老是苏轼的四川老乡，与苏轼堂妹的公公柳瑾（字子玉）相识，本来是个儒生，后来弃儒入佛，当了和尚。长老原来姓杜名暹，字伯升，来往于吴中一带，是苏轼到润州赈灾，与柳瑾频繁往来而认识的。苏轼写过《成都进士杜暹伯升出家，名法通，往来吴中》一诗：

> 欲识当年杜伯升，飘然云水一孤僧。
>
> 若教俯首随缰锁，料得如今似我能。
>
> （柳子玉云：通若及第，不过似我。）

从苏轼诗题及自己加注，转述柳瑾所说，可知，杜暹作为成都推荐的进士候选人，进京考选落第，决定出家，法号法通。柳瑾的意思是，假如杜暹进士及第，最多也不过在官场里混个职位，还不如出家，另有精神领域的发展。苏轼在《苏州请通长老疏》中，也特别指出，儒佛之间没有必然的冲突，而通长老出身世家，淹通诗礼，放弃官场飞黄腾达的前途，可以振兴释氏的传布，大兴佛教道化。

与通长老的密切来往，引出了一位崇拜苏轼的粉丝，即是世居枫桥的著名孝子姚淳，仰慕之不足，还由通长老的关系，结识了苏轼，殷勤致送礼物。姚淳一心结识苏轼，除了纯粹仰慕这位文坛巨星，感受星光辐射的荣耀之外，有没有其他的动机呢？

苏轼离开杭州通判的职务，调任山东，到密州去当太守。他刚到密州，就给通长老写过一封信说："某到此旬日，郡僻事少，足养衰拙。然城中无山水，寺宇朴陋，僧皆粗野，复求苏、杭湖山之游，无复仿佛矣。"还有一封信，接着说道："《三瑞堂诗》已作了，纳去。然恶诗竟何用？是家求之如此其切，不敢不作也。"苏轼给通长老的信中提到，他在苏杭游历湖山，逍遥自在，美景美食，还有知心的朋友相聚，诗酒风流，好不快活。现在到了偏僻的密州，虽然繁杂公务减少了，但是城中没有可以悠游的山水，寺庙鄙陋，僧人粗野，再也没有可以谈话的高僧大德，实在闷气。抱怨密州地方粗鄙之余，附带一信，结尾说到，他写好了《三瑞堂诗》，却是首不登大雅之堂的"恶诗"，自己是不想给人看的，可是有人追着要，"不敢不作也"。

这个追着苏轼索要诗篇的人，就是姚淳，定了题目，要苏轼写一篇颂扬以孝义传家的姚氏三瑞堂。这个三瑞堂，在宋代苏州是相当有名的。范成大《吴郡志》卷十四记载："三瑞堂，在阊门之西枫桥。孝子姚淳所居，家世业儒，以孝称。苏文忠公往来，必访之。尝为赋《三瑞堂》诗。姚氏致香为献，公不受，以书抵虎丘通长老云：'姚君笃善好事，其意极可嘉。然不须以物见遗，惠香八十罐，却托还之。已领其厚意，与收留无异。实为他相识所惠，皆不留故也。'"苏轼往来苏州，与姚淳的关系十分淡薄，是不是"必访之"，我颇为怀疑，但姚淳崇拜苏轼，应该是真情实意的。不过，追着苏轼写歌颂他家族的诗篇，却让苏轼深感憋屈，所以特别说明，他一般是不接受其他相识的馈赠，心意已领，八十罐沉香奉还，免得以后还有什么瓜葛。

《苏州姚氏三瑞堂》这首诗收在《苏轼诗集》卷十二，实在有点敷衍了事，难怪苏轼自称为"恶诗"：

君不见董召南，隐居行义孝且慈。天公亦恐无人知，故令鸡狗相哺儿，又令韩老为作诗。尔来三百年，名与淮水东南驰。此人世不乏，此事亦时有。枫桥三瑞皆目见，天意宛在虞鳏后。惟有此诗非昔人，君更往求无价手。

诗中引用的董召南典故，来自韩愈的《嗟哉董生行》一诗：

淮水出桐柏山，东驰遥遥千里不能休。泜水出其侧，不能千里百里入淮流。寿州属县有安丰，唐贞元时，县人董生召南隐居行义于其中。刺史不能荐，天子不闻名声。爵禄不及门，门外惟有吏，日来征租更索钱。嗟哉董生。朝出耕，夜归读古人书，尽日不得息。或山而樵，或水而渔。入厨具甘旨，上堂问起居。父母不戚戚，妻子不咨咨。嗟哉董生孝且慈，人不识，惟有天翁知。生祥下瑞无时期。家有狗乳出求食，鸡来哺其儿，啄啄庭中拾虫蚁，哺之不食鸣声悲，彷徨踯躅久不去，以翼来覆待狗归。嗟哉董生，谁将与俦？时之人，夫妻相虐，兄弟为仇。食君之禄，而令父母愁。亦独何心？嗟哉董生无与俦。

韩愈诗颂扬寿州安丰县的董召南，虽然不为人知，也没得到官府的表扬，却是值得尊敬的孝义表率。董召南是隐居的读书人，自食其力，耕作之余，上山砍柴，临水捕鱼，孝养父母，全家和煦融融。虽然外人不知，老天是知道的，就有祥瑞自天而降。这里说的祥瑞，是董孝子家中的母狗生了狗仔，出外觅食，有只鸡前来喂食嗷嗷待哺的小狗，在院中啄拾虫蚁来喂狗，小狗呜呜不肯吃，鸡在旁边作难徘徊，张开翅膀覆盖在小狗身上，等着母狗回来。其实，所谓的祥瑞，只是动物之间比较不寻常的行为，在古人眼里感到稀奇，而发生在孝义之家，就上升成祥瑞的异象。苏轼此诗重述了韩愈说的故事，加上一句目睹姚氏家族的"三瑞"，夸奖姚淳是可以媲美大舜的孝子。细读此诗，可以发现，苏轼赞颂姚氏的诔辞，完全来自韩愈一诗，硬生生扯到三瑞堂孝义传家。结尾还要提醒，唯一的差别，是换了个诗人写类似的故事，实在不堪吟咏，最好是另请高明来写。

施元之、顾禧、施宿的《注东坡先生诗》解说此诗："三瑞堂在阊门外道间，密迩枫桥水陆院。初，姚氏之先墓有甘露、灵芝、麦双穗之异，遂以三瑞名其堂。枫桥水陆长老通公者，东坡倅杭时往来吴中，舟必经枫桥，识通。姚氏子名淳者，因通以求诗，而坡盖未始识淳也。"明说了姚淳认识苏轼，夤缘于通长老，不能算是真正的相识。施注还特别提到，曾亲见苏轼三瑞堂诗帖刻本，"乃十二月十二日作"，可以确定，此诗写于熙宁七年十二月十二日之前，也就是1075年年初，苏轼刚到密州，就为了偿还苏州的文债而写。给通长老的信中说到，是难以推辞才写了这首"恶诗"，并退还姚淳馈赠的礼物，透露了十分的不情愿。苏轼接二连三托人捎信给通长老，希望他让姚淳理解，切勿误会："切为多多致此恳。千万勿讶，勿讶！"还在另一封信中说："且说与姚君勿疑讶，只为自来不受非亲旧之馈，恐他人却见怪也。"

苏轼似乎非常担心姚淳误会他退还礼物，是表示不满，所以，一再麻烦通长老去解释，不要有所馈赠。其实，苏轼不满的是自己写的一首"恶诗"，恐怕会四处流传，很失颜面。结果是，姚淳获诗大喜，赶紧刻石模拓，半年之后，还寄了变成书册的拓片给苏轼。苏轼也无可奈何，亲自给姚淳写了回信：

某启。过苏，首辱垂访。到官，又枉教字，皆未克陈谢。又烦专使惠问，勤厚如此，可量感愧。比日起居如何？寄示诗编石刻，良为珍玩，足见好事之深笃也。溽暑未解，万万以时珍重。人还，草草奉谢。不宣。

姚淳寄给苏轼的"诗编石刻"，不仅有《三瑞堂诗》，还有苏轼与通长老的书札，想来是他七磨八磨，从通长老那里借来刻石的。苏轼收到这样的书册以及姚淳奉上的润笔，颇有疑虑，接着又回了一信：

> 昨惠及千文，荷雅意之厚。法书固人所共好，而某方欲省缘，除长物旧有者，犹欲去之，又况复收耶？谨却封纳，不讶，不讶！

意思说得很清楚，不收纳寄来的礼物馈赠，原因是"省缘"，不想在人事交接上多生枝节，还请谅解。苏轼与姚淳的缘分，仅止于通长老的关系，被人逼着写了《三瑞堂诗》，十分不顺气，对远道致送的馈赠也一律璧还。

龚明之《中吴纪闻》（作于1182年）卷二记"姚氏三瑞堂"：

> 阊门之西，有姚氏园亭，颇足雅致。姚名淳，家世业儒，东坡先生往来必憩焉。姚氏素以孝称，所居有三瑞堂，东坡尝为赋诗云："君不见董召南，……君更往求无价手。"东坡未作此诗，姚以千文遗之。东坡答简云："惠及千文，荷雅意

之厚。法书固人所共好，而某方欲省缘，除长物旧有者，犹欲去之，又况复收邪？"固却而不受。此诗既作之后，姚复致香为惠。东坡于《虎丘通老简》尾云："姚君笃善好事，其意极可嘉，然不须以物见遗。惠香八十罐，却托还之，已领其厚意，与收留无异。实为他相识所惠皆不留故也。切为多致，此恳。"予家藏三瑞堂石刻，每读至此，则叹美东坡之清德，诚不可及也。

卢熊的《洪武苏州府志》曾部分引用这条资料，不过，说的不是"东坡先生往来必憩焉"，而是"苏文忠公尝访之，且为赋诗"，也就是曾经去过，不是往来苏州必去。按照苏轼在苏州行色匆匆的情况，基本上是与官府中人打交道，又结交了间丘成为知交，再加上与报恩寺通长老的来往，"往来必憩"姚氏园亭，可能性不大。至于是否参观过三瑞堂，才知道姚氏有甘露、灵芝、麦双穗的祥瑞，也颇有问题，或许只是前去张望了一下。从苏轼写给姚淳的信中可知，"过苏，首辱垂访"，是姚淳去拜访苏轼，并未提到苏轼可曾回访。龚明之的记载，在苏轼造访苏州百年之后，恐怕也掺入了姚氏后人自我吹嘘的传闻，令人存疑。倒是提到三瑞堂石刻，可以和施注所记对应，知道姚氏把苏轼的"恶诗"奉为珍宝，还把苏轼的相关通信，都一并刻石拓印，编成书册流传了。此举和太守王诲相似，请苏轼书写《仁宗皇帝御飞白记》一文，刻石拓印，四处流传。但是，不同的是，苏轼不情愿写《三瑞堂诗》，更不想"恶诗"流传，却成了他管不了的书迹之厄。

此身聚散何穷

元丰二年（1079），苏轼身陷乌台诗狱，几乎丧生在政敌手中。他被关押了一百三十天，几经审讯勘核，在御史台与大理寺的司法论断中，出现了不同意见。发生了一些争执之后，由神宗皇帝出面，"特责"苏轼为"检校尚书水部员外郎、黄州团练副使、本州岛安置、不得签书公事"，其实就是贬谪到黄州，由地方官看管起来，不许乱说乱动。神宗爱惜苏轼的才华，知道御史台罗织苏轼攻讦朝廷的罪名，在很大成分上是政治斗争的诬陷，但又不满他批评改革、反对新政的态度，想要免罪释放他出狱，未免过于纵容，因此才下诏"特责"，算是给苏轼一点教训，杀杀他放言不羁的狂妄与飞扬跋扈的诗风。

苏轼是在过年之前出狱的，这个时间节点，或许并非偶然，而是反映了朝廷的恩典，让他在年关之前获得自由，好在新年除旧岁之际，扪心自问，改过自新。新年伊始，苏轼就踏上了贬谪之路，从东京开封一路南下，经过陈州（今天的淮阳）、蔡州、光州、麻城，到长江边上的黄州报到，全程大约一千五百里路。他在贬谪路上的第一首诗是在陈州写的《陈州与文郎逸民饮别，携手河堤上，作此诗》：

> 白酒无声滑泻油，醉行堤上散吾愁。
> 春风料峭羊角转，河水渺绵瓜蔓流。
> 君已思归梦巴峡，我能未到说黄州。
> 此身聚散何穷已，未忍悲歌学楚囚。

此诗写贬谪的心境，颇有天地悠悠，斯人憔悴的落寞之感。但是，这首诗绝非泛泛表露天涯沦落的悲戚，其中说到的"思归巴峡""未到黄州"，都不是文人落魄的一般性修辞用语，而是寓含了个人际遇的深刻感喟。诗题中的文逸民，是苏轼的表兄大画家文同（文与可，1018—1079）的第四个儿子，又是苏轼弟弟苏辙的女婿。两人在陈州相聚，不仅正值苏轼遭贬，以罪人之身路过，又另有一番家族亲属的变故，令人唏嘘。因此，他们在陈州相遇告别，携手走在河堤上，看逝水渺绵，不舍昼夜，实在有难以言宣的世事沧桑之恸。

文同是画竹的大家，也是苏轼十分钦佩的表亲，两人的关系相当密切。苏轼以言入罪，遭到逮捕是在湖州太守任上，而文同则是之前的湖州太守，可谓巧合。苏轼写过《文与可画筼筜谷偃竹记》，其中说到文同教他："画竹必先得成竹于胸中，执笔熟视，乃见其所欲画者，急起从之，振笔直遂，以追其所见，如兔起鹘落，少纵则逝矣。"这就是汉语中"成竹在胸"典故的来源，也是中国画论的重要概念。这篇文章的结尾，写的却是文同在陈州不幸逝世，留给苏轼无限的伤戚与悲痛："元丰二年正月二十日，与可没于陈州。是岁七月七日，予在湖州曝书画，见此竹，废卷而哭失声。"再也没想到的是，过了一个多月，苏轼就在湖州被捕，经历了生死未卜的灾祸，而释放出狱，在贬谪路上就经过了陈州，而此时文同的灵柩还停放于此，等待运回四川梓州（今天的绵阳）老家。

知道了苏轼与文逸民的具体生命经历，再回头来读《陈州与文郎逸民饮别，携手河堤上，作此诗》，才会理解诗中欲言又止的愁思，凝聚了多么强烈的艺术张力。他们饮酒道别，携手河梁之上，本来是希望散散步来疏解愁绪的，却又想到两人的前程充满了荆棘与困苦。文逸民当前的使命，是运送父亲的灵柩回到四川梓州，得逆流而上，与波涛汹涌的巴峡搏斗，是坎坷人生的畏途，却又是文同生命的归宿。而苏轼贬到黄州，虽然还没去过，却可以想象道路的艰难与前途的困窘。人世的聚散是如此频繁，又如此难以预料，实在令人浩叹。

苏轼的心胸是开阔的，即使面对无边的愁绪，他还是尽量乐观。这首诗的结尾，显示了他达观的人生态度，祝愿人长久，人有悲欢离合，月有阴晴圆缺，是人生难免，只是不要去学楚囚对泣，自寻烦恼。

半随飞雪渡关山

苏轼经历了乌台诗狱，在御史台监牢里关了一百三十天，生死未卜，所幸获得神宗皇帝不杀之恩，大年除夕之前（十二月二十八日，已是公元1080年初）出狱，成了惊弓之鸟，不敢在京城多做停留，连年节都不得暂作休养，来不及抚慰未定的惊魂，就一路上餐风饮露，冒着霜雪纷飞的严寒，赶向黄州贬地。正月二十日，他进入黄州境内麻城县的岐亭，在翻越当地春风岭的关山路上，看到飞雪中的梅花迎春绽放，的皪鲜明，不禁写了《梅花二首》，其一：

春来幽谷水潺潺，的皪梅花草棘间。

一夜东风吹石裂，半随飞雪渡关山。

其二：

何人把酒慰深幽，开自无聊落更愁。

幸有清溪三百曲，不辞相送到黄州。

这两首诗写得颇有深意，第一首是即景生情，写春寒料峭之时，在岐亭春风岭的关山道上，看到杂草荆棘之间，梅花迎着飞雪绽放，皪光鲜，明艳欲滴。在这严冬飞雪之际，苏轼以罪人之身，走在崎岖的山路上，寒风凛冽，呼啸过冻裂的山岩之间，此情此景，看在戴罪之身的苏轼眼里，倍感颠沛流离，实在是无比凄凉。然而，时令已经过了雨水节气，大化轮转，幽谷中溪水潺潺，春天的信息悄悄传来，梅花在丛芜中绽放，让诗人感到大自然的生命正在复苏，也使得愁绪满怀的苏轼虽然身陷困顿，远离庙堂，落拓江湖，但是生命还会继续，活着就有希望，就能感受突如其来的无限欢愉。

我们无法确知苏轼长途跋涉之后，就着驿站旅舍的烛光（或许点着油灯？），写下这些诗句时，内心究竟如何串起诗情意象，如何捕捉梅花带来美妙闪光的刹那，表达自己按捺不住的诗情。不过，可以推想，苏轼经历了诬陷被捕，狱中的死亡威胁，大年除夕遭到贬谪流放，在雨雪霏霏之时翻山越岭，突然在深山幽谷的山径边上，看到寒风中鲜明亮丽的梅花绽放，一定产生了审美移情的感受，必定会想到梅花象征的傲岸高洁，在风雪摧残之时，依然倔强不屈，默默绽放出凝聚了生命美德的灿烂。联想到自己光明磊落的生平、冰清玉洁的操守，骤然遇见山野中孤独坚守的梅花，有着不为人知的芬芳美丽，不正是自己人生的写照吗？

第二首就展示了诗人面对梅花的处境，表达了欣赏、赞叹与惋惜，其实也就是夫子自道，对自己境遇的感叹。有什么人会像李白邀月那样，携来一壶酒，慰问孤高自赏的道旁梅花呢？花开花落有谁知道呢？生命中的欢乐与忧伤，起伏不定，有谁来关心呢？有的，有我苏轼完全理解，更感谢你在道旁为我祝福，随着春天幽谷的流水，淌过弯弯曲曲的溪谷，不辞辛苦，把我一路送到贬谪的黄州。这里透露出苏轼咏物思人，物我相融的开放宽容心态，来自文化传统的天人合一信念。自己深陷凄楚困顿，却能因为飞雪中的寒梅依然绽放，而激起内心深处的乐观精神，深刻而委婉。

《梅花二首》落笔平淡蕴藉，虽然感叹身世飘零，却能坦然面对，在哀而不伤之余，还冀盼着春风拂面的前景，花开花落，春水潺湲，都是自然流转，不减诗人乐观人生的信念。写草棘间绽放的梅花，突出风雪中的坚韧不拔，感同身受，与范仲淹《岳阳楼记》中说的"不以物喜，不以己悲"的仁人君子之心，有异曲同工之处，都属于"居庙堂之高，则忧其民；处江湖之远，则忧其君"的先忧后乐精神，是宋代士大夫文人最高贵的情操。

"过于昌黎远矣"

古人写文章，非常讲究体裁分类，诗赋是诗赋，铭记是铭记，史传是史传，论说是论说。"表"是臣下写给皇上的奏章，最广为人知的是诸葛亮的《出师表》，有前后两篇。刘勰《文心雕龙》第二十二篇，讨论的就是"章表"，他说"章者，明也"，"表者，标也"，然后解释章表的作用，是"对扬王庭，昭明心曲，既其身文，且亦国华"，也就是要对答王室赐予的恩惠，宣扬朝廷的德政，表明心意与感激，如此，不但可以展露自己的文采，也显示了国家的光辉与荣耀。所以，作一篇表，"必雅义以扇其风，清文以驰其丽"。

苏轼诗文俱佳，一般人熟悉的，是他的诗词歌赋，如《水调歌头·明月几时有》《念奴娇·大江东去》，以及前后《赤壁赋》，其实他的文章写得真好，要不然怎么跻身古文"唐宋八大家"呢？他的文章种类很多，论说、记传、史评、铭碑、题跋、杂记、尺牍，都写得好，经常被人称颂，不过，他也写过不少谢恩的表，却似乎被人忽略了，历来评论不多，深入探讨的更少。这或许是因为，人们以为这类文体只是官样文章，是臣子上报朝廷的谢恩老套，让人想到清朝某些官员接到圣旨，像摇尾乞怜的狗仔，浑身哆嗦着奴才的谄媚，念叨主子圣明，恭祝万岁，叩头谢恩，全是马屁废话。其实，苏轼谢恩所作的表，完全不是那么回事，倒真是"对扬王庭，昭明心曲"，不但文采斐然，还充满了自嘲与讽喻，不只达到刘勰订定的章表写作标准，还有些别出心裁的神来之笔，然而却惹出一场大祸。

苏轼对王安石新政颇有意见，经常对新政推行的具体措施发表议论，与朝廷施政多有龃龉，便申请外调，先是担任杭州通判，继而升任密州太守、徐州太守。在元丰二年（1079）春天调任湖州太守，照例谢恩，写了《湖州谢上表》。在谢表中，他先是自我贬抑，说了些言不由衷的气话："伏念臣性资顽鄙，名迹堙微。议论阔疏，文学浅陋。凡人必有一得，而臣独无寸长。"然后讲到自己远离朝政，到外州去当地方官："荷先帝之误恩，擢置三馆；蒙陛下之过听，付以两州。"既然不能在中央发挥作用，就在地方上努力工作，以勤补拙。苏轼觉得自己已经做出了退让，对控制朝廷的新党人士来说，应该知道我奉公守法、安分守己，会老老实实工作："知其愚不适时，难以追陪新进；察其老不生事，或能牧养小民。"追不上时代的大潮，参与不了新法热火朝天的改革，就老老实实做些安抚百姓的工作吧。文章写得多好，不卑不亢，用词对偶工整，表露了自己的心迹，虽然受到新党的排挤，还是感谢朝廷给他努力工作的机会。

谢表上去，却出了大问题。看来苏轼还是有点天真，写文章不屑等因奉此，不懂得后世"多叩头，少说话"的官场秘诀，更不明白有人居心叵测，要置他于死地。元丰二年七月四日，就有见习监察御史何正臣上奏，说苏轼明目张胆攻击朝廷，写篇谢上表，居然说"愚不适时，难以追陪新进；老不生事，或能牧养小民"，这是"愚弄朝廷，妄自尊大"，"谤讪讥骂，无所不为"。像苏轼这样的小人，动辄归咎新法，甚至"明上章疏，肆为诋消，无所忌惮矣"，"世之大恶，何以复加"，一定要严惩。这篇奏章显然只是个引子，因为接二连三，攻讦如海啸而至，另一名见习监察御史舒亶上奏，在诗文中鸡蛋里挑骨头，认定苏轼"包藏祸心，怨望其上，讪读谰慢骂，而无复人臣之节"。最后是御史中丞李定出面，定性为"讪上骂下，法所不宥"，建议神宗皇帝"断自天衷，特行典宪"，那口气实在不妙，是希望来个痛快的，判个正法伏诛。于是，苏轼下狱御史台，闹了场惊心动魄的"乌台诗狱"。

苏轼在御史台狱中关了一百三十天，生死未卜，有没有动过刑，就非我们所知了。最后被迫作供，承认谢上表的那些话，是心存不满，诽谤朝廷，因为"轼谓馆职多年，未蒙不次进用，故言荷先帝之误恩。……又见朝廷近日进用之人，多是少年，及与轼议论不合，故言愚不适时，难以追陪新进，以讥讽朝廷进用之人，多是循时迎合"。写了一篇谢表，几乎杀头，可见与新党的激进少年不合，写什么都会惹上血腥的政治斗争。欲加之罪，何患无辞。

苏轼在牢里关了四个多月，幸免杀头之祸，贬到黄州，挂名水部员外郎充黄州团练副使，不准参与公务，其实就是让地方官看管起来，不许他乱说乱动。他在风雪交加的严冬，千里跋涉了一个月，终于到达黄州，马上就写了《到黄州谢表》，向朝廷报告他的行踪，并且千恩万谢，感激皇帝不杀之恩。在谢表中，他诚惶诚恐，感谢皇上"仁圣矜怜，特从轻典。赦其必死，许以自新"。说到自己的行为实在有过当之处，"茫如醉梦之中，不知言语之出。虽至仁屡赦，而众议不容"。虽然因为皇上宽厚仁慈，但难容众议，幸亏皇上宽宏大量，"德刑并用，善恶兼容。欲使法行而知恩，是用小惩而大戒"。对我这样狂愚冒犯的臣下，还能赦免死罪，真让我没齿难忘，感到"天地能覆载之，而不能容之于度外；父母能生育之，而不能出之于死中。伏惟此恩，何以为报。惟当蔬食没齿，杜门思愆"。皇上之恩，真是超过了天地与父母，让我有了重生的机会。大恩大德，何以为报？我一定会终生吃素，闭门思过，不惜牺牲生命，"必将捐躯矢石之间"，永远效忠。苏轼在谢表的结尾还指天发誓，说"指天誓心，有死无易"。

元代袁桷在《清容居士集》卷四十六，有篇《跋东坡黄州谢表》说："昌黎公《潮州谢表》，识者谓不免有哀矜悔艾之意。坡翁《黄州谢表》，悔而不屈，哀而不怨，过于昌黎远矣。"拿韩愈遭贬潮州写的谢表与苏轼谢表相比，认为苏轼的气骨比韩愈要高上一等，缘由是苏轼"悔而不屈，哀而不怨"。这个说法很有趣，也有其道理，值得做深一层的探讨，因为苏轼本人十分钦佩韩愈，他的《到黄州谢表》在相当程度上因袭了韩愈《潮州谢表》的写法，文辞的运用上也有依样葫芦的痕迹，那么，为什么会"过于昌黎远矣"，至少是高上一筹呢？

韩愈写《潮州刺史谢上表》的背景是，韩愈因谏迎佛骨遭贬，到潮州去担任刺史，虽属于贬谪，却是有实权的地方大吏，只不过是驱赶到边远的瘴疠之地，远离权力中心。苏轼贬到黄州，虽然没有岭南那么远，但是不准签书公事，褫夺了他的政治活动资格，是受到地方监管的人士，与韩愈当着五马太守，进出衙门有差役鸣锣喝道的情况，可谓云泥之别。看看韩愈《潮州刺史谢上表》说的，"以臣为潮州刺史。既免刑诛，又获禄食，圣恩宏大，天地莫量，破脑刳心，岂足为谢"。虽然也是说"圣恩宏大"，愿意"破脑刳心"，以谢圣恩，跟苏轼说的"必将捐躯矢石之间"有点类似，但别忘了他是去担任威震一方的刺史。两人的待遇与处境，有没有差别？当然有。我们知道，苏轼到黄州，住没住处，吃没吃的，景况相当凄凉；韩愈到潮州，虽然当地鳄鱼为患，总不会到官衙里去干扰他的生活，衣食住行应该都很优渥的。

韩愈在谢表中抱怨连连："臣少多病，年才五十，发白齿落，理不久长，加以罪犯至重，所处又极远恶，忧惶惭悸，死亡无日""而臣负罪婴衅，自拘海岛，戚戚嗟嗟，日与死迫"，呼天抢地，要死要活的，听来十分可怜。他还大吐苦水，说自己贬谪在岭外,没有机会参与国事与大典,以报效赎罪:"怀痛穷天,死不闭目,瞻望宸极,魂神飞去。伏惟皇帝陛下,天地父母,哀而怜之,无任感恩恋阙惭惶恳迫之至。"恋栈在朝廷风生水起的日子,哀怨远离权力中心,不免对自己谏迎佛骨遭贬有些后悔,也就是袁桷说的"有哀矜悔艾之意"。苏轼抵达黄州,写《到黄州谢表》时,年四十五岁,比韩愈小五岁,也已逾中年了,却没听到他戚戚嗟嗟,喊死嚷活的。其实他"始谪黄州,举目无亲"(《苏轼文集・尺牍・与徐得之》),衣食无着,寄寓僧舍,到第二年开辟了东坡荒地,劳其筋骨,躬耕自食,才算解决了吃饭问题。在《到黄州谢表》中,苏轼感谢皇上不杀之恩,指天发誓,说要闭门思过,终身吃素,报答皇恩。他似乎未曾否定自我,没有改变对新政的批评,只是说自己迷了心窍,说话全无轻重,不顾后果。他也不曾哀求朝廷,并不冀望掌权的新贵会让他重返政坛。相比之下,苏轼遭到厄运,面对"案罪责情,固宜伏斧锧于两观;推恩屈法,犹当御魑魅于三危"的情况,处之泰然,不像韩愈那么呼天抢地,寻死觅活的。

不过,苏轼非常敬重韩愈,写过《潮州韩文公庙碑》,盛称其"匹夫而为百世师,一言而为天下法,是皆有以参天地之化，关盛衰之运"，"文起八代之衰，道济天下之溺。忠犯人主之怒，而勇夺三军之帅。此岂非参天地，关盛衰，浩然而独存者乎？"还作诗称赞韩愈，在诗中联系到自己经历过的遭遇与感慨：

> 钧天无人帝悲伤，讴吟下招遣巫阳。
>
> 爆牲鸡卜羞我觞，于粲荔丹与蕉黄。
>
> 公不少留我涕滂，翩然披发下大荒。

苏轼心胸宽厚，想的是韩愈"文起八代之衰，道济天下之溺"，颂扬他在复兴中华文化上的贡献，不曾斤斤计较生活与个人情绪的小节。袁桷说苏轼境界高于韩愈，比的是人品的气度与风范，孟子说的"富贵不能淫，贫贱不能移，威武不能屈"，苏轼可以当之。

苏轼性格豁达开朗，对人世间的荣辱与世态炎凉，看得比较超脱。他抵达黄州上谢表的时候，也写了《初到黄州》一诗，充满了自嘲，语气却十分欢快，好像下放到黄州也挺好：

> 自笑平生为口忙，老来事业转荒唐。

长江绕郭知鱼美，好竹连山觉笋香。

逐客不妨员外置，诗人例作水曹郎。

只惭无补丝毫事，尚费官家压酒囊。

　　一开头说的"为口忙"，寓意双关，先说的是口无遮拦，惹上小人的嫉恨，坐了牢房，还差点杀头，最后贬谪黄州，真是老来荒唐一场。再来语锋一转，说起黄州地方富饶，"长江绕郭知鱼美，好竹连山觉笋香"，"口忙"成了口福。咦，不是在谢表里说"惟当蔬食没齿，杜门思愆"，而且"指天誓心，有死无易"，以报答朝廷吗？怎么垂涎起黄州的鱼好，想吃了呢？

　　这就是苏轼的性格，随遇而安，随兴无碍，像他在《答谢民师推官书》说到作文的秘诀，"但常行于所当行，常止于所不可不止"，有好吃的当然要吃。天高皇帝远，皇帝赦免了他杀头之罪，总不会来管他在黄州是否吃斋吧？于是，他的指天发誓，也就唏哩呼噜不作数了。没多久苏轼还发现黄州猪肉不错，写了《猪肉颂》："黄州好猪肉，价贱如泥土。贵者不肯吃，贫者不解煮，早晨起来打两碗，饱得自家君莫管。"写《到黄州谢表》是真感不杀之恩，感恩完了还得过日子，在家里吃两碗猪肉，皇帝也管不着。至于"指天誓心，有死无易"嘛，想通了就好了。所以，后来写《赤壁赋》，也说得理直气壮："且夫天地之间，物各有主，苟非吾之所有，虽一毫而莫取。惟江上之清风，与山间之明月，耳得之而为声，目遇之而成色，取之无禁，用之不竭，是造物者之无尽藏也。"换成俗人的角度来说，从精神境界落实到物质享受，就是：惟江中之鳊鱼，与山间之肥猪，口得之而为味，鼻遇之而成香，取之无禁，用之不竭，是造物者之无尽藏也。

苏轼到了黄州，躬耕东坡，成了东坡居士，似也打通了三观，谢恩归谢恩，活着归活着。

寒食雨之后

苏东坡有《寒食雨》诗二首，因为手书墨迹存世，在书画界通称《寒食帖》，藏在台北故宫博物院，是所有中国人引以为傲的国宝。每次展出，只听到赞誉之声四起，报章杂志连续报道，倒真是脍炙人口，家喻户晓，妇孺皆知。有时我就想，《寒食帖》对于中国文化传承的可持续发展，其功伟且巨矣。听说年轻一代除了知道好莱坞与迪士尼，钦仰梵高的向日葵与达·芬奇的蒙娜丽莎之外，也知道苏东坡创作了《寒食帖》，是文化瑰宝，要珍惜，要理解，要体会书法审美的境界，由此提升自己的文化素养。这就让我感激涕零，想在家中设一神龛，请来苏东坡的宝像，每日鲜花供养，祈祷文化传统得以永续。

东坡的《寒食帖》书法豪迈不羁，跌宕有致，如龙飞凤翥，鲲鹏凌空，让历代书家赞叹不已。黄庭坚在帖后有跋："东坡此诗似李太白，犹恐太白有未到处。此书兼颜鲁公、杨少师、李西台笔意。试使东坡复为之，未必及此。它日东坡或见此书，应笑我于无佛处称尊也。"董其昌也说："余生平见东坡先生真迹，不下三十余卷，必以此为甲观。"主要是说，东坡书法的造诣不拘一格，大开大合，别开生面，为艺术传统提供了不可磨灭的审美境界，打开了人们心灵翱翔的天地。看看帖中的"年"字、"中"字、"苇"字，尤其是"帋（纸）"字，信笔而书，飞扬跋扈，豪气干云，真如杜甫感叹公孙大娘舞剑器的气象："爌如羿射九日落，矫如群帝骖龙翔。来如雷霆收震怒，罢如江海凝清光。"

且不说《寒食帖》的书法艺术感染，让我们从墨迹背后这两首诗的意蕴，探究一下东坡写诗的创作过程。刘勰《文心雕龙·神思》说："思理为妙，神与物游。神居胸臆，而志气统其关键；物沿耳目，而辞令管其枢机。"不论是写诗还是挥毫，形式与内容都息息相关，思想与神韵结合，辞令与笔墨无违，才能出现"兴酣落笔摇五岳，诗成笑傲凌沧洲"的传世杰作。书法墨迹也一样，没有内里的意蕴，没有在胸臆间郁积长久的感情，就喷薄不出"落笔摇五岳"的作品。

我们读《寒食雨》诗二首，体会东坡落难的情景，不禁感到凄然，深为东坡经历的人生困境叹息。这两首诗写他经历了"乌台诗案"，几乎因文字狱丧命之后，遭贬到黄州，又经历了三个年头的苦难实况。第一首：

自我来黄州，已过三寒食。

年年欲惜春，春去不容惜。

今年又苦雨，两月秋萧瑟。

卧闻海棠花，泥污燕支雪。

暗中偷负去，夜半真有力。

何殊病少年，病起头已白。

第二首：

春江欲入户，雨势来不已。

小屋如渔舟，蒙蒙水云里。

空庖煮寒菜，破灶烧湿苇。

那知是寒食，但见乌衔纸。

君门深九重，坟墓在万里。

也拟哭途穷，死灰吹不起。

东坡贬到黄州遭难，至此经历了三个寒食节，而今年又遭到雨涝，春寒料峭，犹如秋寒一般萧瑟。朝廷似乎不再关心他的死活，让他流落江湖，复起无望，心情自然低落到极点。第二首诗最令后代诗评家伤神不已，因为东坡写出了生活的艰难窘迫，穷困潦倒的情景历历在目，已是穷途末路。江水泛滥，雨涝不止，大有淹没小屋之势，身家性命都受到威胁，好像身处蒙蒙水云之中的孤舟。破灶起不了火，三餐不继，这时看到乌鸦叼衔了烧剩的纸钱，才想到已是寒食节了。更由此想到忠心耿耿的介之推，下场是烧死在绵山之上，想到阮籍在穷途末路之际，只能对着空山大哭。自己贬谪在黄州，远离家乡与朝廷，就像再也点燃不了的死灰，恐怕是要埋骨在异乡了。

就在寒食雨肆虐，让苏东坡经历了生命低谷的时候，有人伸出了援手。黄州的地方领导徐大受（君猷）给他带来了清明的新火，提供了生活所需，帮着他渡过了难关。我们没有确切的文献资料，无法知道徐太守带来了什么日用所需。但从他们过去交往频繁，亲密无间，还有东坡写诗嘲弄徐太守喝酒本领太差，可以相互调笑的关系来推想，徐太守一定带来了充足的补给，米面杂粮、鱼肉菜蔬不说，还一定携来可以宽慰东坡的好酒。苏东坡《寒食雨》刚诉完苦，就有徐太守前来慰问，让他恢复了乐观诙谐的人生态度，写了一首《徐使君分新火》，以自嘲的方式，展示了心境变化：

临皋亭中一危坐，三见清明改新火。

沟中枯木应笑人，钻研不然（燃）谁似我。

黄州使君怜久病，分我五更红一朵。

从来破釜跃江鱼，只有清诗嘲饭颗。

起携蜡炬绕空室，欲事烹煎无一可。

为公分作无尽灯，照破十方昏暗锁。

这里写的情景是寒食到清明这两天的变化。寒食节照例要禁火三日，到清明之后再钻燧取火，称为"改火"。苏东坡显然没有燧人氏的本领，自己钻不出火来，又遇上大雨成灾，只好饿着肚子写诗。"只有清诗嘲饭颗"，来自李白《戏赠杜甫》一诗的典故："饭颗山头逢杜甫，顶戴笠子日卓午。借问别来太瘦生，总为从前作诗苦。"好友徐太守带着新火来探望，东坡在空宅中绕了一圈，也找不出可以馈享的食物以娱嘉宾，只好自己打趣，说要把徐大受带来的新火，像佛家智慧一样，分成无穷无尽的灯火，照亮大千世界。

东坡这里化用了佛家的典故，赞颂徐太守带来了光明，照亮了他与世界的前途。查慎行《苏诗补注》卷二十一引《传灯录》，说典故来自神光法师告诉唐明皇的话："论明则照耀十方。"解释"昏暗"一词，则引《瑜伽师地论》："日月星光及火珠灯炬等光，皆能破除昏暗，是名外光明。"其实，查慎行的批注说得不明不白，没把"外光明"典出《瑜伽师地论》的"明有三种"说清楚，而"外光明"主要是破除黑暗，是"治暗光明"。此外，还有"法光明"："谓随其所闻之法，观察修习，皆依法则，因此明心见性，破除愚痴之暗，显发本觉妙明，是名法光明。"第三则是"身光明"："谓诸佛菩萨二乘及诸天等，身皆有光，亦能破暗，是名身光明。"徐太守伸出援手，救助遭难于寒食雨的东坡，带来了救援物资，带来了改火的光明，不啻救苦救难的菩萨降临，引起了东坡的诗兴，阐发他在黄州潜心佛经的感念。

关于东坡与徐太守的交往，材料实在不少，这里可以举一段趣闻说说。东坡住在黄州江边临皋，时常和朋友饮酒，曾写过一首《临江仙·夜归临皋》：

> 夜饮东坡醒复醉，归来仿佛三更。
>
> 家童鼻息已雷鸣，敲门都不应，倚杖听江声。
>
> 长恨此身非我有，何时忘却营营。
>
> 夜阑风静縠纹平。
>
> 小舟从此逝，江海寄余生。

显示的是身陷困境，在夜阑人静之时，对人生处境有了新的体会，像一叶扁舟，飘逝于无边无际的江海，平静而且旷达。

《避暑录话》卷上，记东坡在黄州的生活，说："与数客饮江上，夜归。江面际天，风露浩然，有当其意，乃作歌辞，所谓'夜阑风静縠纹平。小舟从此逝，江海寄余生'者，与客大歌数过而散。翌日，喧传子瞻夜作此辞，挂冠服江边，挐舟长啸去矣。郡守徐君猷闻之，惊且惧，以为州失罪人，急命驾往谒。则子瞻鼻鼾如雷，犹未兴也。"东坡饮酒醉归，写了一首潇洒放达的诗歌，大谈远离喧嚣红尘，忘却世上的蝇营狗苟，引起人们讹传，以为他挂冠江边，学范蠡遨游五湖四海去了。把监管他的徐太守吓得不轻，以为东坡擅离黄州，成了逃犯了。赶紧到他住处查访，谁知他沉睡正酣，"鼻鼾如雷"，还没起床呢。

东坡在黄州生活得随性，有时也让关心他的徐太守担惊受怕。

苏州闾丘来入梦

苏轼在1074年三过苏州，结交了闾丘孝终（字公显）这个好友。再见面，跨越了四个年头。其间苏轼调离杭州，告别了江南，先派到山东任密州太守，后又转任徐州太守，接连应付当地的旱灾洪涝，公事倥偬，只能满怀惆怅回忆江南的美好岁月。三过苏州期间，他曾到无锡惠山以惠山泉瀹小龙团，写了《惠山谒钱道人烹小龙团登绝顶望太湖》：

踏遍江南南岸山，逢山未免更留连。

独携天上小团月，来试人间第二泉。

这种江南的良辰美景与赏心乐事，一去不复返，令人留恋。熙宁十年（1077）八月在徐州太守任上，闾丘专程来访，带回了美好的江南回忆，苏轼作《浣溪沙》，有序"赠闾丘朝议，时过徐州"，感叹老朋友闾丘记得他，到徐州来相会：

> 一别姑苏已四年。
>
> 秋风南浦送归船。
>
> 画帘重见水中仙。
>
> 霜鬓不须催我老，
>
> 杏花依旧驻君颜。
>
> 夜阑相对梦魂间。

一别四年，苏轼忙于公务催逼，形貌已见霜鬓，致仕已久的闾丘却驻颜有术，依旧风神俊秀，可以回苏州过他的神仙生活，实在令人羡慕，时在念中。这里说的"画帘重见水中仙"，是想到闾丘生活在苏州温柔乡中，"十眉环列坐生光"的情景，记忆犹新。

苏轼与闾丘在徐州一别之后，再也没有见面的机会。隔了两年，他调到湖州知州任上，就爆发了乌台诗狱大案，身陷囹囷，差一点丧了命。元丰三年（1080）正月，苏轼遭贬赴黄州，以戴罪之身归地方看管，不准参与公事。元丰五年（1082）正月，因为思念与闾丘共度的美好时光，梦到了曾任黄州太守的闾丘，醒来写了《水龙吟·闾丘大夫孝终公显尝守黄州》，有序：

　　闾丘大夫孝终公显尝守黄州，作栖霞楼，为郡中胜绝。元丰五年，余谪居于黄。正月十七日，梦扁舟渡江，中流回望，楼中歌乐杂作。舟中人言：公显方会客也。觉而异之，乃作此词。公显时已致仕，在苏州。

序里说得很清楚，闾丘曾经担任黄州太守，建了栖霞楼，是郡中胜景，此时闾丘已经退休，人在苏州过他的神仙生活了。词如下：

　　小舟横截春江，卧看翠壁红楼起。云间笑语，使君高会，佳人半醉。危柱哀弦，艳歌余响，绕云萦水。念故人老大，风流未减，独回首、烟波里。　　推枕惘然不见，但空江、月明千里。五湖闻道，扁舟归去，仍携西子。云梦南州，武昌东岸，昔游应记。料多情梦里，端来见我，也参差是。

梦到闾丘在黄州栖霞楼宴会，佳人弹琴唱歌，诗酒风流。不禁想到老友也上了年纪，却风流不减，令人欣羡。午夜梦回，艳歌美景都不见了，只有空江月明，映照遐想中致仕归乡之乐，五湖西子恣意优游。苏轼诗情缱绻，写得真好，到此神思一转，从风流太守当年的欢愉，移情换景到梦中所见，不说我在黄州思念闾丘，而说老友思念落魄黄州的我，魂牵梦绕，特地入梦来相见。

苏轼与闾丘在苏州结缘，友情持续久长，一直到苏轼贬谪黄州，还在梦中想到曾任黄州太守的闾丘，触景生情，写了《水龙吟·闾丘大夫孝终公显尝守黄州》一词，怀念老友。其实，除了刚开始的几个月，苏轼在黄州生活得还不错，虽然没有闾丘前太守的照顾，却有太守徐君猷的亲切关怀，一样的诗酒风流，让他的流放岁月充满了人间乐趣。

苏轼离开杭州十五年后，在元祐四年（1089）夏天，以龙图阁学士的身份，派往杭州担任知州。这是他第二次到杭州任职，其中经历了乌台诗狱与黄州贬谪，回首这一番人生历练的寒彻骨，想来不胜感慨。他于七月三日抵达杭州，不久就与当地同僚写诗唱和，作了《去杭州十五年，复游西湖，用欧阳察判韵》：

　　　我识南屏金鲫鱼，重来拊槛散斋余。还从旧社得心印，似省前生觅手书。莳合平湖久芜漫，人经丰岁尚凋疏。谁怜寂寞高常侍，老去狂歌忆孟诸。

以及《与莫同年雨中饮湖上》：

　　　到处相逢是偶然，梦中相对各华颠。
　　　还来一醉西湖雨，不见跳珠十五年。

　　十五年前的江南往事，在见到新的同僚王瑜之时，更是感慨万千，昔日的苏州老友很自然就浮现心中。王瑜是王淮的侄子，也就是王举正诗礼家风的流绪，时任提点两浙西路刑狱之职。王瑜写了三首游虎丘的绝句，勾起了苏轼的苏州美好回忆，回首前尘，怀念故人，俱已离世，不禁写下《次韵王忠玉游虎丘绝句三首》，追怀当时欢聚苏州的情景：

当年大白此相浮，老守娱宾得二丘。（郡人有间丘公。太守王规父尝云：不谒虎丘，即谒间丘。规父，忠玉伯父也。）白发重来故人尽，空余丛桂小山幽。

青盖红旗映玉山，新诗小草落玄泉。风流使者人争看，知有真娘立道边。（虎丘中路有真娘墓。）

舞衣歌扇转头空，只有青山杳霭中。莫共吴王斗百草，使君未敢借惊鸿。

苏轼贬谪黄州，困顿寂寥，有志难伸，在《水龙吟·间丘大夫孝终公显尝守黄州》词中缅怀往日的赏心乐事，写间丘入梦，前来慰问落难的知己。此后不久，苏轼就写了脍炙人口的《念奴娇·大江东去》一词，感叹世事沧桑，岁月流逝，华发早生，结尾是："人间如梦，一尊还酹江月。"他再度回到江南任官，十五年眨眼即逝，生命的轨迹转了一大圈，青山依旧，物是人非，老友皆已故去，人生如梦的感受就更加强烈了。或许就是这种对生命无常的感悟，使得苏轼心灵得以超越世情，胸怀豁达，可以逆来顺受，容得下未来更为暴烈的官场倾轧与打击。

兹游奇绝冠平生

一

苏东坡晚年流放在岭南的惠州及海南，长达七年之久。在他生命的最后一年，终于得到朝廷恩诏特赦，免除他贬谪岭海的厄运，得以返回中原。他在建中靖国元年（1101）五月中，与朋友一道参访以前常去的润州金山寺，在寺中见到李公麟为他画的一幅像，有感身世的颠沛流离，题了一首六言绝句：

心似已灰之木，身如不系之舟。

问汝平生功业，黄州惠州儋州。

诗中慨叹自己后半生，正是可以建功立业的岁月，不幸身不由己，卷入了朝廷的派系斗争，最后连番遭到贬谪，在岭南地区度过了形同软禁的七个年头。现在虽然获得朝廷召回，甚至可能付以重任，作为经世济民的领导，怎奈心情已如槁木死灰，对世间的功业已经丧失了兴趣，对生命的意义产生了另类的理解。

离开金山寺不久，苏轼就病倒了，而且病得不轻，病情反复，逐渐加重，终于在两个月后溘然离世。他在金山寺写的六言绝句，竟然成了诗谶，一生最后的功业，居然落在丝毫无可作为的岭南逐客身上，似乎对国家大局无所贡献。

然而，一个人的生命意义，并不限于政治上建功立业。自古以来中国就有"三不朽"之说，《左传·襄公二十四年》记叔孙豹说："太上有立德，其次有立功，其次有立言，虽久不废，此之谓三不朽。"孔颖达疏进一步解释："立德谓创制垂法，博施济众"；"立功谓拯厄除难，功济于时"；"立言谓言得其要，理足可传"。古人探讨"三不朽"，视野比较狭窄，论点基本立足在统治精英阶层的角度，关键在维系政权体系的行久致远，并未涉及个人生命意义的探索，更没思考过文学艺术创作对人类文明的提升。苏轼在遭受贬谪期间，把他的聪明才智聚焦在诗书画之上，创作了大量诗文，书写了无数的书法艺术品，思考了人活一世的生命意义，为人类生存的幸福追求做出了不朽的贡献。

二

苏轼贬谪岭南，时在绍圣元年（1094），正在定州知州任上，朝中党争又起，有御史借机攻击苏轼，担任制诰学士之时语涉讥讪。朝廷先褫夺了他端明殿学士和翰林侍读学士的称号，后又连续下诏降级，一直贬谪到岭南海外。在放逐的路上，苏轼不断思考自己立身的言行是否端正，为什么会卷入朝廷的政治斗争，为什么接连遭受不公正的打击？自己一心为公，却一再遭到放逐，是不是无可避免的命运？贬谪岭南已经成为事实，自己该怎么办？在承受屈辱的环境下生活，生命还有没有意义，意义何在？他的这些内心思考，在困顿的环境中，借着诗歌的神思想象，触及了心灵深处最细微的情愫，让我们看到一个光明磊落、风骨铮铮的人格。

他在翻越大庾岭，进入岭南的时候，写了一首《过大庾岭》："一念失垢污，身心洞清净。浩然天地间，惟我独也正。今日岭上行，身世永相忘。仙人拊我顶，结发授长生。"诗中说的"一念"是佛家概念，意思是心中一动念，就不再清净，而失于尘世的污秽。然而，他自审身心，却通透明澈，清净光明，没有见不得人之处。生活在天地之间，他一身浩然正气，而且能够独立思考，毫不依傍任何世间权势，堂堂正正，仰不愧于天、俯不怍于人。这首诗的末尾四句，很有意思，是有文学典故的，前面出自白居易的诗句："可怜身与世，从此两相忘。"后面出自李白："仙人抚我顶，结发受长生。"可以看出，苏轼从下意识里浸润在文学传统中，不经意就流露出心灵中有着李白与白居易的影子，自己当然也就继承了文学的衣钵。

过了大庾岭，苏轼在韶州参拜了南华寺，写了《南华寺》一诗：

> 云何见祖师，要识本来面。
>
> 亭亭塔中人，问我何所见。
>
> 可怜明上座，万法了一电。
>
> 饮水既自知，指月无复眩。
>
> 我本修行人，三世积精炼。

中间一念失，受此百年谴。

抠衣礼真相，感动泪雨霰。

借师锡端泉，洗我绮语砚。

  南华寺是六祖慧能的道场，岭南佛学圣地，苏轼前来参拜，主要是因为他长期浸润佛学，希望从中得到生命的感悟。所以，诗一开头，就自问自答，说为什么要来见禅宗祖师呢，是为了要见识自己的本来面目，查看内心深处的一闪念。佛塔中的慧能大师问我，见到什么了吗？苏轼想到，当年道明禅师听说慧能得了秘传心法与衣钵，一路追踪到大庾岭。本有抢夺衣钵之意，见到六祖之后说："我来求法，非为衣也。愿行者开示于我。"六祖就说："不思善，不思恶，正恁么时，阿那个是明上座本来面目？"据说道明禅师"当下大悟，遍体流汗"，说"某甲虽在黄梅随众，实未省自己面目。今蒙指受入处，如人饮水，冷暖自知"。苏轼是修行人，知道自己内心的问题是"中间一念失"，因此堕落尘寰，经历毕生苦难。见到六祖慧能的真身，让他感激莫名，借此洗刷他引发无限烦恼的"绮语"之恶。

  苏轼作为修行人，并不只是学佛，而是佛道兼修，也憧憬道家养生修炼之术，而且对内外丹都有兴趣。他在南下途中，特意游历了道教第七洞天罗浮山的朱明洞，写了一首《游罗浮山一首示儿子过》，诗的前半段说：

> 人间有此白玉京，罗浮见日鸡一鸣。
>
> 南楼未必齐日观，郁仪自欲朝朱明。
>
> 东坡之师抱朴老，真契早已交前生。
>
> 玉堂金马久流落，寸田尺宅今归耕。

这首诗最有意思之处，是他自称师承抱朴子葛洪，在精神超升的修炼中，早就感到真正的投契。诗中特别提到的"郁仪"是《黄庭经》说的日神，而"朱明"指的是太阳，罗浮山中的朱明洞就是传说中的第七洞天。北宋流行的道教教理书《云笈七签》卷二十七《洞天福地》记载："第七罗浮山洞，周回五百里，名曰朱明曜真之洞天。"也指明了，朱明洞是太阳照耀的洞天福地，所以，苏轼前来此处观看日出，就不只是单纯地观赏自然美景，而是有着吸收日月精华，精进自身修炼的意思。他特别指出，朝廷上风光的"玉堂金马"早已流落，现在需要努力的是回到自己的心田，修习道家的养生秘诀，躬耕

《黄庭经》中说的"寸田尺宅可治生"。

三

绍圣元年（1094）的秋天，苏轼终于到达贬地惠州。在十月二日到达之后，首先要写谢表，感谢朝廷不杀之恩。他在《到惠州谢表》中表明，知道朝中政敌对他的攻击，"群言交击，必将致之死亡"，感谢皇恩浩荡，"尚荷宽恩，止投荒服"。他在谢表中做了自我批评，不过还是感到放逐边荒，有点委屈："但以瘴疠之地，魑魅为邻。衰疾交攻，无复首丘之望；精诚未泯，空余结草之忠。"看来是要葬身海外，老死他乡，没法回到朝廷尽忠了。

出乎意料的是，苏轼初抵惠州，当地官民就热烈欢迎他的到来，让他感动莫名，写了《十月二日初到惠州》一诗，记录了他恍惚进入桃花源似的梦境：

仿佛曾游岂梦中，欣然鸡犬识新丰。吏民惊怪坐何事，父老相携迎此翁。苏武岂知还漠北，管宁自欲老辽东。岭南万户皆春色，（岭南万户酒。）会有幽人客寓公。

这里一连用了三个古典，一个今典。"欣然鸡犬识新丰"，
说的是汉高祖的父亲住在长安深宫中闷闷不乐，怀念故乡丰邑
的浪荡生涯，于是高祖就仿照丰邑，建了新丰，太上皇才住得
高兴。《西京杂记》如此记载新丰："既作新丰，并移旧社，衢
巷栋宇，物色惟旧。士女老幼，相携路首，各知其室。放犬羊
鸡鸭于通涂，亦竟识其家。"苏轼恍恍惚惚，像做梦一样，觉得
以前来过惠州，吏民父老相携出来欢迎，都是昔日旧识。这就
让他联想远离故国的苏武与管宁，不管是漠北还是辽东，异乡
似乎也成了家乡。他用的今典，是当地出产的岭南万户酒，使
他在幽居的情况下，过得像寓公一样舒适。

惠州的官民对苏轼前来，提供了极为优渥的安排，先是把
他安置在宾馆合江楼。他在合江楼住得十分满意，曾写《寓居
合江楼》一诗，描述合江楼在惠州东西二江汇流之处，观海看
山，风景优美：

海山葱昽气佳哉，二江合处朱楼开。蓬莱方丈应不远，
肯为苏子浮江来。江风初凉睡正美，楼上啼鸦呼我起。我今

身世两相违，西流白日东流水。楼中老人日清新，天上岂有痴仙人。三山咫尺不归去，一杯付与罗浮春。（予家酿酒名罗浮春。）

经过了长途跋涉，从河北定州一路来到贬地惠州，得到这么好的待遇，好像是天上仙人安排，把蓬莱仙境移来此地，让我享受一杯罗浮春好酒，惬意万分。

苏轼后来在卜居白鹤峰之时，写了一首《迁居》，有引：

吾绍圣元年十月二日至惠州，寓合江楼，是月十八日迁于嘉祐寺。二年三月十九日复迁于合江楼，三年四月二十日复归于嘉祐寺。时方卜筑白鹤峰之上，新居成，庶几其少安乎。

所以，我们非常清楚他在惠州居住与搬迁的情况，两三年内在合江楼与嘉祐寺之间搬来搬去，直到他自己在白鹤峰建筑新居，有了自己休养生息的安乐居。他初到就能住进官府的招待所合江楼，可见惠州太守方南圭对他的特殊照顾。半个月后，搬到嘉祐寺居住，有点像他十五年前贬谪黄州，借住定惠院的景况。他住的嘉祐寺，有个松风亭，附近的梅花盛开，不禁让他想起当年冒雪赶赴黄州，在春风岭看到梅花的蹀绽放，给他生命复苏的启示。这次贬逐岭南，看到梅花盛开，好像旧事重演，不禁写下《十一月二十六日松风亭下梅花盛开》：

> 春风岭上淮南村，昔年梅花曾断魂。①
> 岂知流落复相见，蛮风蜑雨愁黄昏。
> 长条半落荔支浦，卧树独秀桃榔园。
> 岂惟幽光留夜色，直恐冷艳排冬温。
> 松风亭下荆棘里，两株玉蕊明朝暾。
> 海南仙云娇堕砌，月下缟衣来扣门。
> 酒醒梦觉起绕树，妙意有在终无言。
> 先生独饮勿叹息，幸有落月窥清樽。

虽然梅花盛开依旧，但周遭的风景却变化很大，在蛮风蜑雨愁黄昏的情景中，看到的是荔枝浦，是桃榔园，是与中土完全不同的岭南风光。倒是松风亭下荆棘里，绽放了两株玉蕊梅花，与当年他在关山路上见到的"春来幽谷水潺潺，的蹀梅花

---

① 余昔赴黄州，春风岭上见梅花，有两绝句。明年正月，往岐亭道上赋诗云："去年今日关山路，细雨梅花正断魂。"

草棘间"，给予他无限生命萌发的欣慰，今昔呼应，好像时光重叠了，也振奋了他的心情。

惠州冬天的梅花绽放，显然萦回在苏轼心中，久久不去，所以他自己和了一首《再用前韵》，前半段说：

> 罗浮山下梅花村，玉雪为骨冰为魂。
>
> 纷纷初疑月挂树，耿耿独与参横昏。
>
> 先生索居江海上，悄如病鹤栖荒园。
>
> 天香国艳肯相顾，知我酒熟诗清温。

虽然孤独的感觉再次降临，像罹病的仙鹤栖止在荒废的庭园，好在天香国色的梅花肯来照顾诗人，让他感到无限温暖。和了一首还不够，等到花落的时候，再用前韵，写了《花落复次前韵》：

> 玉妃谪堕烟雨村，先生作诗与招魂。
>
> 人间草木非我对，奔月偶桂成幽昏。
>
> 暗香入户寻短梦，青子缀枝留小园。
>
> 披衣连夜唤客饮，雪肤满地聊相温。

松明照坐愁不睡，井华入腹清而暾。

先生年来六十化，道眼已入不二门。

多情好事余习气，惜花未忍都无言。

留连一物吾过矣，笑领百罚空罍樽。

诗句体现了诗人咏梅的深情，以拟人化的想象，把落花坠地比作天上玉妃谪落世间，与放逐的诗人做伴。苏轼感慨自己年已六旬，应该体会了悟道的不二法门，然而还是残余着"多情好事"的习气，流连于花落的伤感，伤春悲秋，未能超脱世情。自己也觉得好笑，应该罚喝一百杯酒。苏轼在惠州一连写了三首咏梅诗，让我们看到他内心郁结的幽情，借着他与梅花相看两不厌的精神互动，延续了黄州贬谪时咏梅的体悟，阐释如何在困顿之中，依然可以通过审美的升华，超脱世情的纠结与困扰。

苏轼住在嘉祐寺期间，有时在松风亭下散步，对生命的追求有了新的体会。他的《记游松风亭》一文说：

余尝寓居惠州嘉祐寺，纵步松风亭下。足力疲乏，思欲就亭止息。望亭宇尚在木末，意谓是如何得到？良久，忽曰："此间有甚么歇不得处？"由是如挂钩之鱼，忽得解脱。若人悟此，虽兵阵相接，鼓声如雷霆，进则死敌，退则死法，当恁么时也不妨熟歇。

人生旅途，奋力向前，体力不支，走不动了，怎么办？早先预设的目的，眼看是达不到了，怎么办？他突然灵思一动，想通了，"此间有甚么歇不得处？"什么样的灾祸没经历过，什么打击没承受过，生老病死不是人生必经的道路吗？放逐岭南，老死他乡，也就认了，想通了，没什么大不了的。

苏轼在惠州生活得相对平静，惠州太守与邻近的循州太守都对他体贴照顾，一些简单的生活乐趣，也能让他摆脱流放的孤寂。他一向会吃，岭南水果中出类拔萃的荔枝，让他十分惊艳。他在惠州第二年初夏，第一次吃到荔枝，写了《四月十一日初食荔支》，感叹世间竟然有如此美味，不知世上还有什么水果可以媲美，最后居然说，只有江瑶柱与河豚鱼可与荔枝并列，属于美味的最高等级：

南村诸杨北村卢，[①]白华青叶冬不枯。

---

① 谓杨梅、卢橘也。

垂黄缀紫烟雨里，特与荔支为先驱。

海山仙人绛罗襦，红纱中单白玉肤。

不须更待妃子笑，风骨自是倾城姝。

不知天公有意无，遣此尤物生海隅。

云山得伴松桧老，霜雪自困楂梨粗。

先生洗盏酌桂醑，冰盘荐此颗虹珠。

似开江鳐斫玉柱，更洗河豚烹腹腴。①

我生涉世本为口，一官久已轻莼鲈。

人间何者非梦幻，南来万里真良图。

苏轼由荔枝美味，联想到古来荔枝入贡的奢侈与劳民伤财，写了《荔枝叹》，不但批评朝廷不体恤民瘼，也批评官吏的献媚争宠：

十里一置飞尘灰，五里一堠兵火催。

颠坑仆谷相枕藉，知是荔枝龙眼来。

飞车跨山鹘横海，风枝露叶如新采。

① 予尝谓，荔枝厚味，高格两绝，果中无比，惟江鳐柱、河豚鱼近之耳。

宫中美人一破颜，惊尘溅血流千载。

永元荔枝来交州，天宝岁贡取之涪。

至今欲食林甫肉，无人举觞酹伯游。

我愿天公怜赤子，莫生尤物为疮痏。

雨顺风调百谷登，民不饥寒为上瑞。

君不见，武夷溪边粟粒芽，前丁后蔡相宠加。

争新买宠各出意，今年斗品充官茶。

吾君所乏岂此物，致养口体何陋耶？

洛阳相君忠孝家，可怜亦进姚黄花。

　　不过，生活在岭南，吃吃荔枝只是品尝土产，与骄奢淫佚扯不上关系，所以，吃不到江南的莼鲈，吃点荔枝，也是无可厚非的。他写的《食荔支二首》之二：

罗浮山下四时春，卢橘杨梅次第新。

日啖荔支三百颗，不妨长作岭南人。

　　就表明了，生为岭南人，有荔枝吃，即使是贬谪放逐，也实在生活得不错。

这段宁静的惠州生活，当然也难以避免生命的风雨，侍妾朝云于绍圣三年（1096）夏天病逝，让他伤心逾恒，写了无数诗文悼念。他经营了许久的新居，建在白鹤峰上，在朝云逝世半年后终于完工，有了安居的住所，让他流离失所的放逐生活告一段落。他写了《纵笔》一诗：

> 白头萧散满霜风，小阁藤床寄病容。
> 报道先生春睡美，道人轻打五更钟。

俗语说，福无双至，祸不单行。正当他想要安安稳稳度过晚年之时，掌控朝廷的宰相章惇，又出了新花样，再度贬逐苏轼到海南，不让他在惠州过上安稳日子。据曾季狸《艇斋诗话》说："东坡《海外上梁文口号》云：'为报先生春睡美，道人轻打五更钟。'章子厚见之，遂再贬儋耳，以为安稳，故再迁也。"这个章惇是苏轼的老友，也是政坛上的死对头，曾经在乌台诗狱之时为苏轼缓颊，救他一命，可又在执行新法的党派斗争中党同伐异，屡次痛下重拳，毫不手软。听说贬谪惠州的苏轼吃着荔枝，在小阁藤床上美美地春睡，过着安稳日子，就下令再贬到海南蛮荒之地。于是，苏轼在岭南的安稳日子戛然而止，于绍圣四年（1097）初夏，再度登上了放逐的征途，冒着风涛渡过琼州海峡，往海南岛的昌化军（儋州）而去。

四

苏轼在绍圣四年放逐海南的途中，知道弟弟苏辙也遭到贬谪，流放到雷州，于是赶着前去相会，写了《吾谪海南，子由雷州，被命即行，了不相知。至梧乃闻其尚在藤也，旦夕当追及，作此诗示之》，说到兄弟两人虽然都遭到贬谪的命运，好在一在海南，一在雷州，隔海相望，虽然不能聚首，相隔不是太远，也算是圣上的恩典。接着就感叹自己流放海外，恐怕要认异乡海南作家乡了：

平生学道真实意，岂与穷达俱存亡。

天其以我为箕子，要使此意留要荒。

他年谁作舆地志，海南万里真吾乡。

他以箕子自比，强调一身承载道德文章，充满了信心，期盼将来的地理志是要留下一笔的。

年老力衰的苏轼从琼州登岸，乘滑竿类的肩舆前往儋州，途中遇到一场急雨，写了首诗，想到自己远离中原，来到四面环水的海南岛，在茫茫天地间，何去何从？他心中浮现了《庄子·秋水》说的天地之大，中国也不过是太仓中的一颗米粒，想象开始遨游天际：

> 四州环一岛，百洞蟠其中。
>
> 我行西北隅，如度月半弓。
>
> 登高望中原，但见积水空。
>
> 此生当安归，四顾真途穷。
>
> 眇观大瀛海，坐咏谈天翁。
>
> 茫茫太仓中，一米谁雌雄。
>
> 幽怀忽破散，永啸来天风。
>
> 千山动鳞甲，万谷酣笙钟。
>
> 安知非群仙，钧天宴未终。
>
> 喜我归有期，举酒属青童。
>
> 急雨岂无意，催诗走群龙。
>
> 梦云忽变色，笑电亦改容。

应怪东坡老，颜衰语徒工。

久矣此妙声，不闻蓬莱宫。

行走在海南岛的西北半弯，狂风骤雨不期而至，声震山谷，是不是天上群仙聚会，正在天庭笙歌欢宴呢？苏轼自问自答，想的是，群仙派遣了龙群降雨，催他写诗，以致风云变色，天光电闪，或许自己也因此登录仙籍，归乡有期。纪昀特别欣赏这首诗，评论说："以杳冥诡异之词，抒雄阔奇伟之气，而不露圭角，不使粗豪，故为上乘。"到了儋州之后不久，趁着酒兴，苏轼挥毫写了《试笔自书》，再次想到生存在海岛上的人间处境，从天地久远的角度来看，自己不啻蝼蚁一般，实在是有点诡异而且尴尬：

吾始至南海，环视天水无际，凄然伤之曰："何时得出此岛耶？"已而思之，天地在积水之中，九州岛在大瀛海中，中国在四海中，有生孰不在岛者？覆盆水于地，芥浮于水，蚁附于芥，茫然不知所济。少焉水涸，蚁径去；见其类，出涕曰："几不复与子相见。"岂知俯仰之间，有方轨八达之路乎？念此可以一笑。戊寅九月十二日，与客饮薄酒小醉，信笔书此纸。

苏轼能够自嘲，反映了他旷达宏阔的超越思想，清楚理会，人在天地之中，其实是相当渺小的存在，不应当囿于贫困的自我中心，要开放想象的空间，才能有所超脱。

到达儋州，诗人的想象必须面对现实，照例报告朝廷，向皇帝谢恩，写了《到昌化军谢表》，清楚感到，这一次必定是客死异乡了："并鬼门而东骛，浮瘴海以南迁。生无还期，死有余责。"此时的苏轼已经年逾六旬，身体多病，流亡到天地的尽头，穷途末路，实在不知是否还能生还故土，所以也不必遮掩，向朝廷诉说了他凄凉的处境："臣孤老无托，瘴疠交攻。子孙恸哭于江边，已为死别；魑魅逢迎于海外，宁许生还？"

苏轼在儋州住了下来，感到海南气候过于潮湿，不适合人居住。他在《书海南风土》一文，信手写下他的初步印象：

岭南天气卑湿，地气蒸溽，而海南为甚。夏秋之交，物无不腐坏者。人非金石，其何能久。然儋耳颇有老人，年百余岁者，往往而是，八九十者不论也。乃知寿夭无定，习而安之，则冰蚕火鼠，皆可以生。吾尝湛然无思，寓此觉于物表，使折胶之寒，无所施其冽，流金之暑，无所措其毒，百余岁岂足道哉！彼愚老人者，初不知此特如蚕鼠生于其中，兀然受之而已。一呼之温，一吸之凉，相续无有间断，虽长生可也。庄子曰："天之穿之，日夜无隙，人则固塞其窦。"岂不然哉。九月二十七日，秋霖雨不止，顾视帏帐，有白蚁升余，皆已腐烂，感叹不已。信手书。时戊寅岁也。

虽然风土气候不宜人居，但儋州却有许多活到百岁的老人，耄耋期颐之龄并不少见。苏轼不禁感慨生死有命，寿夭无定，只要心理健康，任何环境都可长生。不过，秋雨连绵不断，到处都是白蚁，还是感叹不已。

苏轼初到儋州，感到前途茫茫，曾到天庆观去求签。在《书北极灵签》一文中说：

东坡居士迁于海南，忧患不已，戊寅九月晦，游天庆观，谒北极真圣，采灵签，以决余生之祸福吉凶。其词曰："道以信为合，法以智为先。二者不相离，寿命已得延。"览之悚然，若有所得，敬书而藏之，以无忘信道、法智二者不相离之意。

戊寅九月晦，是元符元年（1098）九月三十日，抽到的这支签，是带有善导意味的中上签，让苏轼悚然一惊，心有所悟，只要"无忘信道、法智二者不相离"，寿命就得以延长。也就是，活着，就要坚守自己的信念，还得善于发挥自己的智慧，自求多福。

苏轼在儋州生活安定下来，结交了不少当地士民，也逐渐接受了周遭的生活环境。第二年的上元夜，他与当地的老书生夜游城厢，心情欢畅，写下《书上元夜游》一文：

> 己卯上元，予在儋州，有老书生数人来过，曰："良月嘉夜，先生能一出乎？"予欣然从之。步城西，入僧舍，历小巷，民夷杂揉，屠沽纷然。归舍已三鼓矣。舍中掩关熟睡，已再鼾矣。放杖而笑，孰为得失？过问先生何笑，盖自笑也。然亦笑韩退之钓鱼无得，更欲远去，不知走海者未必得大鱼也。

夜游的心情不只是欢畅，更重要的是怡然自得，穿街走巷，像是回到了熟悉的故里。这种心情带他回到了第一次遭到贬谪的黄州，从惶惑孤独逐渐融入当地生活，适应了老百姓习惯的生命律动。他在黄州写过《定风波》一词，下半阕是：

料峭春风吹酒醒，微冷，山头斜照却相迎。

回首向来萧瑟处，归去，也无风雨也无晴。

写的是不怕风雨来袭，自己照样我行我素，吟啸徐行，迎着风雨向前，"一蓑烟雨任平生"，天总会放晴的。他此时在儋州，逐渐适应放逐蛮荒的处境，祛除了内心深处的死亡阴影，睡觉也睡得安稳，写了一首《独觉》，后半段是："浮空眼缬散云霞，无数心花发桃李。翛然独觉午窗明，欲觉犹闻醉鼾声。回首向来萧瑟处，也无风雨也无晴。"结尾两句，居然与《定风波》的结尾一模一样，也反映心境的重合。

儋州的地方官昌化军军使张中，对苏轼的到来，十分照顾，派了兵役修理官家的驿站，解决苏轼的居住问题。然而，重新掌权的新党人士吕升卿（吕惠卿的弟弟）一心想置苏轼苏辙兄弟于死地，在绍圣五年（1098）三月，派了董必察访岭南，打击苏轼及其同遭放逐的亲友，并且肃清当地照顾他们的地方官。施宿《东坡先生年谱》记载：

初，朝廷遣吕升卿、董必察访广东西，谋尽杀元祐党人。曾布争于上，以升卿与二苏有切骨之怨，不可遣，乃罢。升卿犹遣必使广西。时先生在儋，僦官舍数椽以居止，必遣人逐出。遂买地城南，为屋五间，士人畚土运甓以助之。屋成居其下，食芋饮水著书以为乐，处之泰然，无迁谪意。

苏轼好端端住在为他修缮的伦江驿，硬是给赶了出来，在风雨中露宿。为他安排居所的张中也遭到弹劾，贬为雷州地方的监司，目的是不让他留在儋州继续优容苏轼。

苏轼流放海南期间，不断传来谣言，有的说他成仙了，有的说他死了，让他颇为感慨。当年他谪居黄州时，也有类似的传言，甚至把他的死讯传到皇帝耳中。《续资治通鉴长编》卷三四二神宗元丰七年，就有记载："正月，京师盛传苏轼已白日仙去，上对左丞蒲宗孟叹息久之。"何薳《春渚纪闻》卷六《裕陵惜人才》记录得更为详细："公在黄州，都下忽盛传公病殁。裕陵以问蒲宗孟，宗孟奏曰：'日来外间似有此语，然亦未知的实。'裕陵将进食，因叹息再三，曰：'才难。'遂辍饭而起，意甚不怿。"蒲宗孟与苏轼有亲戚关系，所以这段故事，苏轼也曾听闻，这次京师又盛传他得道升天，不禁有感，在元符三年（1100）三月，写了《书谤》一文：

> 吾昔谪居黄州，曾子固（曾巩）居忧临川，死焉。人有
> 妄传吾与子固同日化去，如李贺长吉死时事，以上帝召也。
> 时先帝亦闻其语，以问蜀人蒲宗孟，且有叹息语。今谪海南，
> 又有传吾得道，乘小舟入海，不复返者。京师皆云。儿子书
> 来言之。今日有从广州来者，云太守柯述言，吾在儋耳，一
> 日忽失去，独道服在耳，盖上宾也。

苏轼贬逐海南，显然牵动了许多人的关怀，不但京师盛传，
连他的朋友广州太守柯述，近在岭南，都以为他羽化升仙了，
实在是个有趣的现象。

《诗经》是苏轼非常熟悉的经典，几乎可以倒背如流。他
流放在岭南的日子，一定会浮现《邶风·终风》的诗句：

> 终风且暴，顾我则笑，谑浪笑敖，中心是悼。
> 终风且霾，惠然肯来，莫往莫来，悠悠我思。
> 终风且曀，不日有曀，寤言不寐，愿言则嚏。
> 曀曀其阴，虺虺其雷，寤言不寐，愿言则怀。

中国文学的香草美人传统，以君王为臣下的良人，是读书人最深刻的烙印，也是苏轼挥之不去的梦魇。天子坐在金銮殿上，对待臣子有如侍妾，时而调笑，时而虐待，时而惠顾，时而冷落，时而如狂风暴雨，时而如雷声滚滚，就是苏轼一生官场起伏的写照。好在终风也有终止的时候，就像《定风波》序中说的，"已而遂晴"，到了元符三年（1100）哲宗皇帝逝世，徽宗皇帝登基，不久大赦天下，恩诏苏轼移居廉州（今广西合浦），贬逐岭南的命运因此告一终结。

五

苏轼离开居住了多年的儋州，显得有点依依不舍，写了《别海南黎民表》一诗：

> 我本海南民，寄生西蜀州。
>
> 忽然跨海去，譬如事远游。
>
> 平生生死梦，三者无劣优。

知君不再见，欲去且少留。

突然觉得自己是海南的原住民了，也是东坡"多情好事"的积习，此次离开海南，不再回来，实在有点舍不得。他六月离开儋州，渡过琼州海峡，到雷州半岛徐闻与弟子好友秦观相会，在澄迈驿渡口，写了告别海南岛的《澄迈驿通潮阁二首》：

倦客愁闻归路遥，眼明飞阁俯长桥。

贪看白鹭横秋浦，不觉青林没晚潮。

余生欲老海南村，帝遣巫阳招我魂。

杳杳天低鹘没处，青山一发是中原。

胡仔在《苕溪渔隐丛话》后集卷二十，特别指出这最后一句，"其语倔奇，盖得意也"。解读得很好，点出了苏轼怀念中土的心情。看到远处可望而不可即的大陆，隔着汹涌的波涛，青山杳杳细如一发，现在终于可以返回了。

他在六月二十日夜里渡海，写了《六月二十日夜渡海》一诗，展露了他愉快的心境，特别说到"苦雨终风也解晴"：

参横斗转欲三更，苦雨终风也解晴。

云散月明谁点缀？天容海色本澄清。

空余鲁叟乘桴意，粗识轩辕奏乐声。

九死南荒吾不恨，兹游奇绝冠平生。

这首诗不但显示了北归的兴奋心情，还表明他九死不悔信念，相信自己思想言行的正确，光明正大，在云散月明之时，就可看到天容海色的澄澈，从来如此。诗中举出的两个典故，一是孔夫子乘桴浮于海，二是轩辕黄帝奏乐钧天，显示了他人生境界已经大为提升。诗情旷达豪放，反映了他坚守道德底线，忍辱负重，终能超越狭隘的小我，体会仁人志士的襟怀。

苏轼北归的过程，并非一帆风顺，还得从雷州跋涉到廉州，途中宿于兴廉村的净行院。不巧就碰上了夏季的淫雨，道路阻绝，让他倍感挫折。在《书合浦舟行》一文中，他感叹自己命运不济，人生路途总是遭遇困蹇屯邅，好在天无绝人之路：

予自海康适合浦，遭连日大雨，桥梁尽坏，水无津涯。自兴廉村净行院下，乘小舟至官寨。闻自此以西皆涨水，无复桥船。或劝乘蜑舟并海即白石。是日，六月晦，无月。碗宿大海中，天水相接，疏星满天。起坐四顾太息，吾何数乘此险也！已济徐闻，复厄于此乎？过子在傍鼾睡，呼不应。所撰《易》《书》《论语》皆以自随，世未有别本。抚之而叹曰："天未丧斯文，吾辈必济！"已而果然。七月四日合浦记。时元符三年也。

他发出的感叹，颇似《论语·子罕》记载孔子被围困在匡地，对天浩叹："文王既没，文不在兹乎？天之将丧斯文也，后死者不得与于斯文也；天之未丧斯文也，匡人其如予何？"坚信自己是承继斯文的信使，上天一定会指点迷津，让他走出困厄，而事实也证明如此。

从廉州北上，苏轼一路经过广州、英州（英德）、韶州、南雄，在建中靖国元年（1101）正月到了大庾岭。曾敏行《独醒杂志》记载："东坡北归，至岭下，偶肩舆折杠，求竹于龙光寺。僧惠两大竿，且延东坡饭。时寺无主僧，州郡方令往南华招请，未至。公遂留诗以寄之。"这首诗就是《赠龙光长老》：

斫得龙光竹两竿，持归岭北万人看。

竹中一滴曹溪水，涨起西江十八滩。

苏轼将过大庾岭，把七年的岭南苦难生涯抛到身后，心情十分舒畅，开开心心，打起了禅语，留给即将担任龙光寺长老的南华寺珪首座，"以为他时语录中第一问"。王十朋《集注分类东坡先生诗》引赵次公说，"此诗因竹以寓禅也"。谭元春在《东坡诗选》中评说，"全是禅语，不必作诗看"。其实，只说了这首诗作为禅学偈语的一面，没看到东坡心情欢畅，有感于过岭北归，那种不可遏抑的兴奋。龙光寺的竹竿到了岭北，作为传布曹溪禅学的象征，会让江西西江（章江）十八滩的溪水都涌涨起来，让禅学昌盛，只说了一个方面。从苏轼的内心感受而言，更重要的是，龙光寺的竹竿隐含着克服一切艰难险阻的北归。他在岭南的人生经历，为世人带来了生命意义的启发，引起风起云涌的钦仰热潮。

过大庾岭北归，对苏轼的人生历程来说，当然有极其重大的象征意义，他写了许多诗篇，抒发内心的感触，其中最脍炙人口的就是《赠岭上老人》。《独醒杂志》卷二记载：

东坡还至庾岭上，少憩村店。有一老翁出，问从者曰：

"官为谁?"曰:"苏尚书。"翁曰:"是苏子瞻欤?"曰:"是也。"乃前揖坡曰:"我闻人害公者百端,今日北归,是天佑善人也。"东坡笑而谢之,因题一诗于壁间云:"鹤骨霜髯心已灰,青松夹道手亲栽。问翁大庾岭头住,曾见南迁几个回?"

这最后一句,是诗眼,是关键所在,"曾见南迁几个回?"翻过大庾岭,到了岭南之后,有几个人可以北归?苏轼心底立刻浮现的应该是韩愈,是他誉为"文起八代之衰,道济天下之溺"的韩文公。不过韩愈在岭南只停留了一年,而苏轼则是整整七年之久,历尽沧桑。南迁北归,在苏轼的生命历程中,是极为戏剧化的一幕,也展示了他对生命意义的诠释。

苏轼贬谪岭南七载,九死而未悔,承受各种打击与屈辱,从来没有向奸邪的权贵低头,也总是有地方吏民帮助他渡过难关。是什么样的精神力量支撑着他,使他永远不忘初心?是什么样的文化底蕴培育着他,让他永远保持乐观向上?是什么样的修持保持他品格的精进,让他达到性情豁达与心灵感悟的升华?从他在岭南书写的诗文,我们看到,他也有失望与挫折的时候,也曾面临彷徨迷惘的歧途,但是,他善于汲取儒释道中光明开朗的启示，配合天生善良的性格，总是能够超越狭隘的私欲，成就海阔天空的理想追求，完成光风霁月的人格。在人类精神文明的发展历程中，苏轼贬逐岭南，是他个人的灾难，却给后人提供了照亮暗夜的灯光。

天涯何处无芳草

一

在我们日常生活中，时常听到有人说"天涯何处无芳草"，说得十分蕴藉，让口语也充满了文采，是古典文学渗入日常语言的典型范例。

"天涯何处无芳草"，出自苏轼的《蝶恋花·春景》一词，原文是：

花褪残红青杏小。

燕子飞时，绿水人家绕。

枝上柳绵吹又少，天涯何处无芳草！

墙里秋千墙外道。

墙外行人，墙里佳人笑。

笑渐不闻声渐悄，多情却被无情恼。

上片说的是，感慨春天逝去，芳菲散尽，已是初夏的风景。落花残红之间，可以看到树上的小小青杏。燕子飞绕临水的人家，引人注意到柳絮在风中愈吹愈少，就令人感叹生机勃勃的春天逝去，天涯尽头到处还滋长着芳草吧。诗人的那种感觉有点飘忽，充满了不确定性，好像春天过了，不知道下一步该去哪里，哪里还会见到芳草满地。下片就表露了遭受隔绝的心理状态，好像情感受到挫折，有一堵墙隔开了佳人的笑声与墙外的行人。佳人的欢声笑语在墙内，渐行渐远，似乎进入了深闺，而我站在墙外，感到自作多情，被无情的笑语惹出了无限烦恼。

苏轼创作这首词，当然有其特定的创作动机，应该是借着香草美人的抒情诗歌传统，表露自己内心的感慨。研究苏轼的学者都同意，这不是一首表露男女痴情的爱情诗，不是现代失恋者在那里喃喃自语，感叹既然恋情失败，不如另辟蹊径，寻找一段新的爱情。苏轼要说的是，他对朝廷一片痴心，却总是遭到排挤，甚至贬谪到远离朝廷的他乡，表达出他仕途坎坷、漂泊天涯的惆怅与失落。我们无法确知此词的写作时间，学者也因此争论纷纭，有作于密州说，有黄州说，有定州说，更多的是惠州说，总之都说，苏轼表达的是遭到排斥贬谪的苦恼。

　　然而，优秀的文学作品有其超越特定历史环境的特性，经常跳出作者的创作动机，让写作灵感升华为海阔天空的想象空间，可以容纳多元多样的人生体悟。到了二十一世纪，一般人已经不熟悉宋代的官场斗争，也不太清楚苏轼遭人诬陷与排挤的实况，读这首词的感受，就很难联系上香草美人背后的政治隐喻。尤其是现代年轻人，读这首词，总是聚焦在"天涯何处无芳草"一句，联想的是，既然兔子吃不到窝边草，就顾不得什么"多情却被无情恼"，广阔天地花花草草很多，尽可自由去采摘。你打开互联网，就可以看到许多"天涯何处无芳草"的现代解读，大体分两类：一是指人生的选择机会很多，要懂得变通，不要死在一棵树上；二是特指男女关系，没有必要死守特定对象，世上可以爱的人很多，吃不到苹果可以吃橘子。

　　要是苏轼看到"天涯何处无芳草"的现代解读，不知心里是什么滋味。

关于《蝶恋花·春景》的写作背景，苏轼想要表达什么内心感受，又如何使用艺术手段，创作出多层次的文学杰作，是历来批评家关注的重点。苏词研究者的共识是，这首小词继承香草美人的写作传统，表面上写春情惆怅，遭到与佳人隔绝的情爱苦恼，写得入木三分，对幽微的情愫波动掌握得极为深刻，绝对是首呈现情感失落的好诗。同时还有深层而隐晦的创作意图，涉及遭到了朝廷贬谪，流落天涯，展现了"身在江湖，心悬魏阙"的拳拳忠心。从北宋政坛波澜起伏的大环境看，苏轼这首词的隐藏寓意，呼应了范仲淹《岳阳楼记》结尾，说到古仁人之心的生命境界，"不以物喜，不以己悲。居庙堂之高，则忧其民；处江湖之远，则忧其君"。仁人君子总是处在忧患之中，什么时候才乐得起来呢？范仲淹说，"先天下之忧而忧，后天下之乐而乐"，是个永远在追求的遥远向往。范仲淹与苏轼处在北宋政治漩涡的当下，分别身陷庆历与元祐年间的党争，有心改善朝政，却遭受多种阻挠，则是"多情却被无情恼"。

由于苏轼本人没有提供写作时间，我们只能根据这首词的流传记载，确定时间的下限，肯定此词在苏轼贬谪惠州期间已经存在，但上限则难以遽定。研究者长期以来都希望利用文本的"内证"，从诗句的遣词用字、意象使用及艺术氛围的营造，寻找蛛丝马迹，企图联系其他有具体创作时间的作品，确定写作时间，但众说纷纭，不太可靠，且举一例说明。

曹树铭校编的《东坡词》（香港万有图书，1968）以为作于苏轼任职密州时期："细玩此词上片之意境，与本集《满江红·东武城南》之上片相似。而本词下片之意境，复与本集《蝶恋花·帘外东风交雨霰》之上片相似。以上二词，俱作于熙宁九年丙辰（1076）密州任内。铭颇疑此词亦系在密州所作，志以待考。"那么，我们就来考一考。

《满江红·东武会流杯亭》一词描写春暮，上片有句"枝上残花吹尽也，与君更向江头觅。问向前、犹有几多春，三之一"，在季节时序上，与《蝶恋花·春景》的"花褪残红""枝上柳绵吹又少"有类似之处，然而苏轼写暮春的诗词很多，实在不能以此为据。何况《满江红》的诗题，元本作"东武会流杯亭，上巳日作。城南有坡，土色如丹，其下有堤，壅郑淇水入城"，下片写到"相将泛曲水，满城争出"，写的是上巳日曲水流觞，与朋友到东武（密州）城南流杯亭修禊，联想到王羲之的兰亭盛会，正如《名胜志》所记："诸城县有柳林河，出石门山，流径县西北，入于郑淇，密人为上巳祓除之所。"完全没有显示任何遭受情感隔绝，而发出"多情却被无情恼"的迹象。

至于《蝶恋花·帘外东风交雨霰》一词，虽然用的是"蝶恋花"词牌，但表达的心境与《蝶恋花·春景》完全不同："帘外东风交雨霰。帘里佳人，笑语如莺燕。深惜今年正月暖。灯光酒色摇金盏。　　掺鼓渔阳挝未遍。舞褪琼钗，汗湿香罗软。今夜何人吟古怨，清诗未就冰生砚。"写的不是暮春，而是冬天景象。除了"帘外""帘里"与"墙里""墙外"勉强沾点边，诗情欢欣鼓舞，与《蝶恋花·春景》的惆怅失落真是南辕北辙。苏轼在密州写的这首词作于熙宁九年正月，不同版本副题都明确指出，写的是正月雨霰之夜，与友人欢宴之景。毛本题作"密州冬夜文安国席上作"，元本、朱本、龙本、曹本题作"微雪，有客善吹笛击鼓者。方醉中，有人送苦寒诗求和，遂作此答之"。帘外雨霰，帘内的苏轼等人酒酣耳热，与佳人亲昵接触，莺燕笑语，欢歌纵舞，以至于歌姬钗横汗湿，娇喘吁吁，与"天涯何处无芳草"真是一点关系都没有。

三

元祐七年（1092）八月，苏轼从扬州知州任上召还汴京，任兵部尚书，之后又进为端明殿学士、翰林侍读学士、礼部尚书，表面上十分风光，但朝中派系斗争不断，暗潮汹涌，使他萌生隐退的意图，却辞免不准。到了次年（1093）春天，有御史直接攻讦苏轼结党营私，虽然没能扳倒苏氏兄弟，却让苏轼下定决心，远离朝廷纷争，最好能到山明水秀的越州（今绍兴）担任外官，没得到批准。他不断乞求外放的申请，最后在六月间得到妥协性的安排，获准以端明殿学士、翰林侍读学士的身份，充任河北西路安抚使兼马步军都总管，知定州军州事，还算保持了朝廷对他的信任，以体面的姿态离开权力中心。然而，正待他整装离京之际，发生了两件不幸的事情，为苏轼外放定州蒙上了阴影。一是他的第二任妻子王闰之八月一日因病去世，让他伤痛欲绝，二是主持元祐更化朝局的高太后九月三日去世，哲宗亲政，为他的仕途埋下了定时炸弹。

苏轼九月下旬离京赴定州任，按例是要上朝面辞的，可是哲宗皇帝却下旨不允见，并且促命他即刻出发。苏轼是哲宗的老师，连要求面辞都遭到拒绝，显然反映了皇帝对他不满，圣恩从此断绝。他在九月二十六日离京之前，写了一篇很长的《朝辞赴定州论事状》上奏给皇帝，讲到按照"祖宗之法"，他作为边帅赴任，是应当上殿面辞的，"而陛下独以本任阙官迎接人众为词，降旨拒臣，不令上殿，此何义也？"以老师的身份，直不笼统，质问皇帝为什么不肯接见，是否不愿意听他讲些"亲君子，远小人"的劝告？他很担心哲宗拒见自己老师的举措，会让朝廷有识之士"惊疑而忧虑"，其实就是反映了他本人的忧虑，感到"山雨欲来风满楼"的不祥预兆，朝政要出现大变，元祐更化要结束了。他说自己已经离京，也不求再登殿面圣，但还是要"少效愚忠……不敢以不得对之故，便废此言"。他长篇累牍写了这篇奏状，苦口婆心，说了什么呢？主要就是劝喻皇帝，不要贸然改动政策，要"识邪正值实，然后应物而作"，不要听从"急进好利之徒"，做出轻举妄动的政策翻案。其实，苏轼离京赴定州任的时候，心里已经有数，知道哲宗不再理会他的劝喻，已经对他做出了切割，把他隔绝在宫墙之外，成了执政权力运作的局外人，就像他后来在词中写的后半片："墙里秋千墙外道。墙外行人，墙里佳人笑。笑渐不闻声渐悄，多情却被无情恼。"

苏轼离开京城之后，政局急转直下。哲宗亲政，完全不理会苏轼的劝喻，做了一百八十度的政策逆转，政坛掀起了狂风骤雨，刮落在元祐党人身上。元祐九年改元为绍圣元年（1094），朝中重臣一一落马，贬到偏远地方，过去靠边站的新政人物重新粉墨登场，开始对元祐党人进行一系列的打击与贬谪。这些遭贬的朝廷重臣都是苏轼的亲朋好友。三月四日，先对首相吕大防开刀，贬知颍昌府，两天后又改知永兴军。担任副宰相职务的参知政事苏辙，是苏轼的弟弟，也于三月二十六日，因为反对政策的逆转，贬知汝州。四月十二日正式改元"绍圣"，取消了"元祐"年号，明确宣告天下，国家的政策已经转向，要绍述神宗皇帝熙宁、元丰年间推行新法的"圣政"。四月中旬，侍讲学士范祖禹出知陕州。紧接着另一宰相范纯仁出知颍昌府。闰四月三日，苏轼因为"前掌制命语涉讥讪"的罪名，被免去端明殿学士兼翰林侍读学士的称号，撤销他定州知州的职务，以左朝奉郎官阶（正六品上），降职为英州（今广东英德）知州。苏轼的朋友接二连三遭到贬斥，到闰四月十三日，礼部侍郎孔武仲出知宣州，四月十四日工部尚书李之纯出知单州。

苏轼接到诰命之后，写了《英州谢上表》，显示他早已预期贬谪的命运，感叹自己到了衰暮之年，居然流放到岭南瘴疠之地："累岁宠荣，固已太过。此时窜责，诚所宜然。瘴海炎陬，去若清凉之地；苍颜素发，谁怜衰暮之年。"然而朝中新贵还不满意，认为处罚太轻，接着又传来更新的诏令，降为左承议郎（正六品下），官阶又降了一级。他离开定州，千里迢迢往岭南赴任的途中，第三次接到诰命，"合叙日不得与叙"，也就是不准他以后参与叙官的程序，再也不给他升官的机会了。这还不算，接着还来了第四次致命性打击的诰命："落左承议郎，责授建昌军司马，惠州安置，不得签书公事。"也就是不给他官做了，撤销正六品下的官衔身份，降级挂名的职务，派到惠州看管起来。等他到了江西，居然还来了第五道诰命："落建昌军司马，贬宁远军节度副使，仍惠州安置。"朝廷打击苏轼，一连下了五道诰命，像催命符一样，一道比一道严酷，目的是什么呢？就是要把你打趴在地，还要踏上一只脚，让你永世不得翻身。

《苏轼词集校注》卷二指出，绍圣元年的政坛斗争就是苏轼写《蝶恋花·春景》的背景，写他的失落与惆怅，写芳草流落天涯："苏轼此词就写于这批元祐人士纷纷被赶出朝堂的初夏时节。所以这首伤春伤情的小词绝非泛泛之作，而是他此时此地沉痛心情的抒发。……芳草就是楚辞'美人香草'的香草，喻正人君子，而今都远窜天涯。……'多情却被无情恼'，正是他多年来对宋王朝一片忠心而却遭贬岭南的最恰当的写照。"假如我们不拘泥于特定的写作时间，究竟是绍圣元年苏轼贬赴岭南途中，还是绍圣二年作于惠州，则上述的政治斗争与贬谪历程，的确反映在这首小词之中，通过香草美人的艺术隐喻，展现得淋漓尽致。当然，这也并不否定这首小词作为情爱失落与惆怅的杰作，可以安慰世上所有失恋人痴心的灵魂。

艾朗诺在《美的焦虑：北宋士大夫的审美思想与追求》书中，探讨苏词的风格，指出苏轼的词与前人（如晏殊、柳永、欧阳修）最大不同之处，是在抒情言事之中，直率表达了高度个人化的情感。我认为艾朗诺对苏词"豪放"倾向的观察，侧重于苏轼作为诗人，要在诗情中展现自我，肯定与尊重自我人格本体，是十分深刻的见解。特别是苏轼经历了乌台诗狱之后所写的词，经常婉转杳渺而又曲折地表达自己对生命的态度，对政治环境恶劣的抗拒，对美好理想的向往，对自己道德人格的肯定，也就结合了个人命运的自我追求与文字艺术的创新探索。正是在这个意义上，《蝶恋花·春景》所表达的香草美人寓意，就显得特别深刻，也是历来评论家绕不过去的议题，原因很简单，因为那就是苏轼个人化诗情所要展示的层次缤纷的意蕴。

四

二十世纪六十年代初，好莱坞推出了一部爱情片 *Splendour in the Grass*，由拍摄《欲望街车》与《岸上风云》的伊力·卡山（Elia Kazan）执导，娜妲丽·华（Natalie Wood）和华伦·比提(Warren Beatty) 主演。影片在中国港台地区上映，家喻户晓，轰动一时，译名《天涯何处无芳草》，用的是苏东坡《蝶恋花·春景》一词的名句。我那时上中学，对爱情与家庭幸福有一种懵懵懂懂的向往，对影片展现海誓山盟的幻灭，反映生命际遇不能尽如人意的结尾，感到极大震撼，产生无限怅惘。影片结尾出现了一段英诗字幕，点明了影片原名是有来历的。当时只是觉得，英诗诗句 "splendour in the grass" 借用 "天涯何处无芳草" 作为中文片名，是神来之笔，模模糊糊感到，片尾引用的英诗诗句颇富哲理，却不知道出自何处。

一直到我上大学，跟着英千里老师读英国浪漫主义诗歌，才知道影片结尾的诗句，出自华兹华斯的 "Ode : Intimations of Immortality from Recollections of Early Childhood"（《童年天真颂》）："Though nothing can bring back the hour/Of splendour in the grass, of glory in the flower/We will grieve not, rather find/Strength in what remains behind ",讲的是经过岁月蹉跎,青春年华已逝,也只能直面惨淡的人生,从童真的天人体悟,寻求慰藉与幸福。我后来把这几句诗的意思,不按格律,勉强译成中文:"昔日璀璨今已逝/再无芳草与鲜花/无须伤怀与悲怆/知音寻觅在天涯。"词意居然相当接近苏东坡的《蝶恋花》一词,也因此佩服电影界前辈的学殖与巧思,善于联系苏词与华兹华斯,引为片名。

影片《天涯何处无芳草》的故事,发生在二十世纪二十年代末的美国中西部,时代背景是华尔街大崩盘前后,描绘一对青年男女痴心相恋,却因时代保守风气与家庭纠葛,好事多磨,各自经历了天真理想的幻灭。故事讲述人生际遇,往往与自己的愿望相违,会遭到父母的干预与家庭的变故,还有突如其来的时代横逆。男主角学业不佳,遭到名校退学,父亲又因股灾破产,跳楼自杀;女主角遭人凌辱,住进精神病院。经济大恐慌之后,女主角病愈回乡,见到过去风神潇洒的情人已是一介邋遢农民,感慨万千。影片对生命经验反思的灵感,应该是来自华兹华斯的诗情,与苏东坡写《蝶恋花》的境遇完全无关,却阐述了类似的人生体悟,倒是值得我们思考:古今中外,人们经历的生老病死、悲欢离合,对具体的个人而言,其实都有类似之处，会产生风月同天的普世感悟。文学杰作之所以成为艺术典范，流传千古而不衰，也是因为作者有着刻骨铭心的经历，展示了深刻的感悟。

苏东坡写《蝶恋花》注明了是"春景"，写的是暮春时节，从季节变化看到时间流逝："花褪残红青杏小。燕子飞时，绿水人家绕。枝上柳绵吹又少，天涯何处无芳草。"接着是时序变化给他的生命感怀："墙里秋千墙外道。墙外行人，墙里佳人笑。笑渐不闻声渐悄，多情却被无情恼。"墙里墙外，说的是人际的隔绝，即使我们撇开元祐、绍圣年间的政坛风云变幻，至少可以上升到社会阶级分化，联想到杜甫的"朱门酒肉臭，路有冻死骨"，也与宋明以来流传在江南的民歌《月儿弯弯照九州》有异曲同工之效："月儿弯弯照九州，几家欢乐几家愁。几家夫妇同罗帐？几家飘散在他州？"诉说人们经历了离散，看到有人团圆，有人流浪，不禁触发深沉的感伤与悲悯。杜甫《佳人》一诗有句："但见新人笑，那闻旧人哭。在山泉水清，出山泉水浊。"说得十分决绝与心痛，表达了生命际遇的变化与情感的落差。是否出于造化之手的拨弄，我们无法知道，但是悲怆与悔恨之痛彻心骨，却是实实在在的。多情的是有血有肉的人，无情的是无穷无尽的时间，生命既短暂又波折，怎能不恼？

辑二
诗酒趁年华

从来佳茗似佳人

　　苏东坡喜欢喝茶，写过许多茶诗，其中一句"从来佳茗似佳人"不但脍炙人口，而且被后人连上"欲把西湖比西子"，使得不少年轻人以为，东坡的原诗就是"欲把西湖比西子，从来佳茗似佳人"。其实，两句诗是东坡写的没错，却来自本来不相干的两首诗，后人移花接木，通过集句的手法，串联起来，甚至变成一些风雅茶室的楹联，以现在流行的说法，可算是"二次创作"吧。

　　"欲把西湖比西子"，是苏轼在熙宁六年（1073），时年三十八岁（虚岁），担任杭州通判的时候，描写西湖景色的诗句。出自《饮湖上初晴后雨二首》之一，原诗是大家最熟悉的一首咏西湖绝句：

> 水光潋滟晴方好，山色空蒙雨亦奇。
>
> 欲把西湖比西子，淡妆浓抹总相宜。

"从来佳茗似佳人"，则是元祐五年（1090）苏轼年已五十五岁（虚岁），经历了"乌台诗案"的牢狱之灾，遭贬黄州受苦受难，在宦海之中翻腾浮沉之后，成了翰林学士，再回到杭州担任太守时，收到朋友馈赠最高档的新茶，所写的一首茶诗。苏轼再次回到杭州的心境，经过了惊涛骇浪的陷溺，与十七年前尚未遭人攻讦陷害的时候，是大不相同了。诗题是《次韵曹辅寄壑源试焙新芽》，全诗如下：

> 仙山灵草湿行云，洗遍香肌粉未匀。
>
> 明月来投玉川子，清风吹破武林春。
>
> 要知冰雪心肠好，不是膏油首面新。
>
> 戏作小诗君勿笑，从来佳茗似佳人。

这首茶诗写得好，格律对仗严明工整，行文用典舒畅流动，明喻暗喻相互交织，生动自然，好似画一幅画，画着画着，画中美人栩栩如生，竟然走下了画卷。暂且不说文字的艺术成就，此诗反映出宋代饮茶习俗的细节，值得深入探究，特别是揭示了宋代文人雅士的茶道好尚，以及饮茶品位的精致追求，是研究宋代生活美学的好材料。

诗题中说到的曹辅，当时在福建任职经济转运工作，其中重要的职务，就是把御茶园出产的龙凤团茶上贡到朝廷，自然就能接触到最上品的新茶，可以作为珍贵礼品，赠送给亲友。《苕溪渔隐丛话》指出："北苑茶，入贡之后，市无货者。惟壑源诸处私焙茶，其绝品可敌官焙。盖壑源与北苑为邻，山阜相接，才二里余，其茶香甘，在诸私焙之上。"曹辅送给苏东坡的好茶，就是壑源的新茶，不仅如此，还是壑源的"试焙"。"试焙"是什么意思呢？黄儒的《品茶要录》讲茶叶采造，一开头就说："茶事起于惊蛰前，其采芽如鹰爪，初造曰试焙，又曰一火，其次曰二火。二火之茶，已次一火矣。故市茶芽者，惟同出于三火前者为最佳。"试焙就是一火，是最早最新的茶芽所造，而市面上能够得到的新茶，一火、二火、三火都属于"最佳"，因为都比明前茶要早一个月，是世间的绝品新茶。

这首诗开头就说，好茶如仙山灵草，经云雾润泽，有如不需粉饰的香肌，然后联想到清风明月，想到爱茶的卢仝，想到早春的武林（杭州）。冰雪心肠好，则联想到冰雪聪明，想到"一片冰心在玉壶"，出现了聪慧灵黠的佳人形象。膏油首面新，固然让人想到浓妆艳抹的妖艳妇人，却更是宋代品茶鉴赏的行话。蔡襄《茶录》就明确指出："茶色贵白，而饼茶多以珍膏油其面，故有青黄紫黑之异。善别茶者，正如相工之视人气色也，隐然察之于内，以肉理实润者为上。"《品茶要录》也说到，制作饼茶的工序非常考究复杂，榨膏的分寸很难掌握，所以，就会出现"惟饰首面者，故榨不欲干，以利易售"的情况，虽然看起来茶色不错，但试茶之时，"色虽鲜白，其味带苦"，不入苏东坡的法眼。

关于苏东坡以佳人比喻佳茗，宋人袁文《瓮牖闲评》卷五说：

> 苏东坡不甚喜妇人，而诗中每及之者，非有他也，以为戏谑耳。其曰"短长肥瘠各有态，玉环飞燕谁敢憎"，乃评书之作也；其曰"欲把西湖比西子，淡妆浓抹总相宜"，乃咏西湖之作也；其曰"戏作小诗君勿笑，从来佳茗似佳人"，乃谢茶之作也。如此数诗，虽与妇人不相涉，而比拟恰好，且其言妙丽新奇，使人赏玩不已，非善戏谑者能若是乎？

苏东坡是否真的不喜欢妇人，我们很难断定，因古今标准不同，对女性的态度也因人而异。不过，东坡善戏谑倒是真的，偶尔拿女子来比喻西湖，比喻佳茗，也无伤大雅。

白土与擂茶

陆羽《茶经·六之饮》提到："或用葱、姜、枣、橘皮、茱萸、薄荷之等，煮之百沸，或扬令滑，或煮去沫，斯沟渠间弃水耳，而习俗不已。"说的是唐代以前喝茶的习惯，烹煮茶汤，放入葱、姜、枣、橘皮、茱萸、薄荷等等，各种乱七八糟的佐料，煮成一锅茶粥，民间习俗如此。陆羽认为，这是毫无品位的流俗，完全不懂得饮茶之道要追求茶的纯粹与清灵，乱放杂物就破坏了茶味美感与精神提升。在他眼里，俗人喝的不是茶的美味，喝的是沟渠间的污水，亵渎了饮茶之道。可是，流俗却习之不已，令人浩叹。

陆羽讲的"习俗不已"，其实反映了中国人喝茶习惯的多元性，从古至今，尽管制茶与品饮的主流方式有所改变，精英阶层提倡茶有真味真香，却一直有人在茶汤里面加果加料。不仅陆羽的时代如此，宋代最讲究点茶与斗茶之际如此，明代强调品茶意境之时如此，到了二十一世纪，不但乡间依旧保持喝擂茶的习惯，在城市都会甚至还花样翻新，出现各种加料茶饮品。

北宋的苏轼是懂得喝茶的，尤其是他当了杭州通判，在杭州度过三年惬意生活之后，特别欣赏福建出产的小龙团。他在杭州写了不少诗，经常提起福建的北苑贡茶，用惠山泉水烹煎，其味馥郁隽永，无与伦比。他离开杭州，升迁为山东密州知州时，在熙宁八年（1075）写了一首《和蒋夔寄茶》，感谢蒋夔记得他钟爱上等龙团，不远千里给他寄来好茶。他感叹来到北方之后，生活环境大为改变，粗茶淡饭，与杭州富裕所提供的"饮食穷芳鲜"完全不能相比。在密州这样的穷乡僻壤，吃的是"厨中蒸粟埋饭瓮，大杓更取酸生涎"，喝的是"柘罗铜碾弃不用，脂麻白土须盆研"，谈不上美食品位，更没有品茶的讲究。他特别提到北方饮茶习惯之粗鄙，不用茶碾把茶团碾碎，也不用茶罗把茶末筛匀筛细，而是加入芝麻与白土，放在盆里擂研捣碎，混着陆羽鄙视的葱姜之类，加盐烹煮。诗中说到，他一不留神，"老妻稚子不知爱，一半已入姜盐煎"，好茶已经遭到了荼毒。只好叹息命运不是自己的选择，应该放宽胸怀，随遇而安，"人生所遇无不可，南北嗜好知谁贤。死生祸福久不择，更论甘苦争妍娟"。

苏轼天生豁达，是看得开的人，上等茶下等煮法，虽然暴殄天物，也没办法，只好说南北习俗不同，就像自己遭遇的死生祸福，也不必去争什么美丑好坏，不必太过于执着人生苦乐。他后来遭贬到黄州，写了《寄周安孺茶》一诗，其中有句：

如今老且懒，细事百不欲。

美恶两俱忘，谁能强追逐。

姜盐拌白土，稍稍从吾蜀。

尚欲外形骸，安能徇口腹。

由来薄滋味，日饭止脱粟。

说起粗茶淡饭，喝茶是"姜盐拌白土，稍稍从吾蜀"，就是四川乡间的老喝法，与北方民间喝法一样。他的弟弟苏辙也在《和子瞻煎茶》中说过，"煎茶旧法出西蜀"，南方人懂得喝茶，"君不见闽中茶品天下高，倾身事茶不知劳，又不见北方俚人茗饮无不有，盐酪椒姜夸满口"。在另一首诗中也说，"盐酪应嫌北俗粗"，看法跟他老哥相同。

苏轼鄙视的"白土"是什么？学者从来搞不清，有的说是面粉，有的说是薯粉，众说纷纭。我推测可能是四川产的土茯苓，因为李时珍的《本草纲目》说："土茯苓，楚、蜀山箐中甚多。……其根状如菝葜而圆，其大若鸡鸭子，……其肉软，可生啖。有赤、白二种，入药用白者良。"擂茶中放些白土茯苓，或许就是西蜀的老式喝法，宋代北方沿袭了下来。

苏轼品水

苏轼在熙宁四年（1071）从润州（今镇江）到杭州担任杭州通判，经过金山寺，写了一首《游金山寺》，其中有句："我家江水初发源，宦游直送江入海。闻道潮头一丈高，天寒尚有沙痕在。中泠南畔石盘陀，古来出没随涛波。试登绝顶望乡国，江南江北青山多。"这里提到的"中泠南畔石盘陀"就是扬子江心南零水，宋代王十朋集注《百家注分类东坡先生诗》引程演注："扬子江有中泠水，为天下点茶第一。"我们不知道苏轼游金山寺，午后是否有暇饮茶，只知道他看天色已晚，"羁愁畏晚寻归楫，山僧苦留看落日"，结果留宿在金山寺，不但看了江上的落日，而且看了初月的夜色，第二天还到焦山去游览。想来他在金焦之间羁留了两日一夜，与山僧相对莫逆，总是有茶喝的，而在此地饮茶，当然喝的是扬子江心中冷水，可惜苏轼诗中不曾明白记录，给我们留下了很大的悬念，不知道他初尝中冷水的评价。不过，他在诗中特意提到中冷水，当然是对号称天下第一的扬子江心中冷水（南零水）有深刻的印象。

元丰七年（1084），结束了贬谪黄州的日子，苏轼再游金山寺，望着眼前滔滔的江水，他写了《送金山乡僧归蜀开堂》一诗，送给归返四川的金山寺僧圆宝：

撞钟浮玉山，迎我三千指。

众中闻馨欬，未语知乡里。

我非个中人，何以默识子。

振衣忽归去，只影千山里。

涪江与中冷，共此一味水。

冰盘荐琥珀，何似糖霜美。

他这次来访金山寺，是为了去见好友了元佛印和尚，却遇到了来自四川遂宁的圆宝。遂宁以出产糖霜著称，所以诗句最后说圆宝回乡，可以尝到家乡最美的糖霜。诗中说他本来并不认识圆宝，却在金山寺众僧之中，听到了乡音。知道圆宝要归乡开堂，让他联想起流经遂宁的涪江，注入嘉陵江后，汇入长江，一路东流而下，就来到金山寺下，与扬子江心中泠水汇合了。可以想见，这次苏轼到访，与了元佛印相聚饮茶，喝的应当还是中泠水。

苏轼在杭州期间，经常称赞惠山泉水，而且也写过许多诗篇，赞颂惠泉水最适合烹煮上贡的龙团茶。他刚到杭州的第二年（熙宁五年，1072）秋天，就写过《求焦千之惠山泉诗》，要求担任无锡知州的焦千之寄送惠泉水，说"精品厌凡泉，愿子致一斛"。后来又在《试院煎茶》诗中细述烹茶的过程，特别提到要用惠泉水：

> 蟹眼已过鱼眼生，飕飕欲作松风鸣。
>
> 蒙茸出磨细珠落，眩转绕瓯飞雪轻。
>
> 银瓶泻汤夸第二，未识古人煎水意。

还自己加了注："古语云，煎水不煎茶。"说明了点茶拉花的秘诀，需要格外体会之处，在于要用天下第二的惠泉水，因为关键是"煎水不煎茶"，好水才能点好茶。他有个朋友钱颢

（安道），是无锡人，弟弟钱道人是惠山寺长老。钱颛送建州龙团茶给他，他写了《和钱安道寄惠建茶》一诗说："我官于南今几时，尝尽溪茶与山茗。"苏轼还特别抽空跑到无锡，去探望钱道人，并且写了《惠山谒钱道人，烹小龙团，登绝顶，望太湖》，有句：

踏遍江南南岸山，逢山未免更留连。

独携天上小团月，来试人间第二泉。

不知道他带到惠山与钱道人一起品茗的小龙团，是不是钱颛致送的珍品，可以确定的是，烹煎龙团的泉水一定是惠山泉水。

苏轼于熙宁七年（1074）离开杭州，转徙于密州、徐州为官，五年后调湖州知州，赴任时有秦观、参寥一路陪同，经过无锡，写了《游惠山》三首诗，有序：

余昔为钱塘倅，往来无锡未尝不至惠山。即去五年，复为湖州，与高邮秦太虚、杭僧参寥同至，览唐处士王武陵、窦群、朱宿所赋诗，爱其语清简，萧然有出尘之姿，追用其韵，各赋三首。

说明他心中念念不忘惠山泉，有机会经过无锡，总要去造访品尝。这次有秦观与参寥和尚陪同经过，当然要一同去观山景、品山泉。其中第二首：

敲火发山泉，烹茶避林樾。

明窗倾紫盏，色味两奇绝。

吾生眠食耳，一饱万想灭。

颇笑玉川子，饥弄三百月。

岂如山中人，睡起山花发。

一瓯谁与共，门外无来辙。

于此可见，苏轼虽然顺应当时习俗，称呼惠山泉为第二泉，却在品茗之际特别欣赏惠山泉水，不但请人寄送，只要有机会还会专程登临惠山，品尝清泉瀹茶的奇绝风味。

苏轼上任湖州知州不久，就被人诬陷，遭到乌台诗狱的灾祸，关押之后贬谪黄州。五年之后朝廷召还，获准在常州买地归老，曾与胡宗愈（完夫）约为邻里，再来就回到汴京任官，先任礼部郎中，后任起居舍人。此时胡宗愈为中书舍人，听说苏轼担任起居舍人，仍然有归隐定居常州之想，写了一首短诗致贺：

苏公五十鬓鬐斑，云袖青袍入汉关。

贾谊谪归犹太傅，谢安投老负东山。

黄岗泉石红尘外，阳羡牛羊返照间。

知有竹林高兴在，欲闲谁肯放君闲。

意思是说，虽然你还想归隐阳羡，但是朝廷不会让你退隐清闲的。苏轼实时和了一首《次韵胡完夫》：

青衫别泪尚斓斑，十载江湖困抱关。

老去上书还北阙，朝来挂笏看西山。

相从杯酒形骸外，笑说平生醉梦间。

万事会须咨伯始，白头容我占清闲。

之后又写了《次韵完夫再赠之什某已卜居毗陵与完夫有庐里之约云》，还是向往乡居清闲的日子：

柳絮飞时笋箨斑，风流二老对开关。

雪芽我为求阳羡，乳水君应饷惠山。

竹簟水风眠昼永，玉堂制草落人间。

应容缓急烦间里，桑柘聊同十亩闲。

诗句反映了想象中退隐的美好岁月，有阳羡雪芽作为茶饮，烹茶的泉水就应该是惠山泉水。

苏轼在杭州时，于熙宁六年（1073）写过一首《元翰少卿宠惠谷帘水一器、龙团二枚，仍以新诗为贶，叹味不已，次韵奉和》：

岩垂匹练千丝落，雷起双龙万物春。

此水此茶俱第一，共成三绝鉴中人。

这个元翰少卿，名鲁有开，是苏轼任杭州通判的前任，两人交情不错，诗歌唱和，并馈赠礼物。这次鲁元翰致送一罐谷帘水、两枚龙团茶饼，引得苏轼作诗，形容谷帘水是匹练般的瀑布水，从岩壁上飞垂而下，水花四溅如千缕丝线，而建州龙团茶是惊蛰雷声之后采制，正是春天来临之时。谷帘水、龙团茶、赠诗一首，都是天下第一，并称三绝。鲁元翰的诗是否天下第一，我们没读到，无法评价，但是苏轼在这一首诗中的确点出，谷帘水可配上贡的龙团茶，是天下第一。或许苏轼为了唱和次韵，说的是揄扬元翰少卿的客气话，顺便也一道赞誉朋友的馈赠，并非审慎的品评，那就无从细究了。

苏轼遭遇乌台诗狱之后，幸免于难，被贬到黄州，在朋友帮助下得到东坡废地，躬耕自养，从此自号东坡居士。他生活于困塞的环境，幸好不断接到亲友的馈赠，依然得以品尝好茶好水。元丰五年（1082）他写过一阕《西江月》，有序：

送建溪双井茶、谷帘泉与胜之。胜之，徐君猷家后房，甚丽，自叙本贵种也。

这首词如下：

龙焙今年绝品，谷帘自古珍泉。

雪芽双井散神仙，苗裔来从北苑。

汤发云腴酽白，盏浮花乳轻圆。

人间谁敢更争妍，斗取红窗白面。

这个徐君猷是黄州太守，对苏轼十分照顾，经常邀请他聚会，诗酒风流。徐君猷的侍妾很多，东坡居士特别喜欢胜之，为她写过好几首诗词，赞扬她娇媚可爱。苏轼致送的好茶好水，是双井茶与谷帘泉，都是当时备受赞誉的珍品。双井茶是黄庭坚与他父亲大力推介的家乡茶，得到欧阳修与苏轼的认可，不过欧阳修认为稍逊上贡的建州北苑的龙焙团茶，苏轼或许因为双井茶是黄庭坚的家乡茶，对此不置可否，所以，苏轼在诗中特别提到双井茶是北苑龙团御茶的支裔，是今年龙焙绝品的一脉。致送双井茶与谷帘泉水，称得上最高级的礼品，算是苏轼对谷帘水的肯定。

苏东坡贬谪在黄州生活，见不到召还朝廷的迹象，也断绝了世事纷扰，于元丰六年（1083）写了一首探讨茶饮的长诗《寄周安孺茶》，既追溯饮茶的历史变化，也叙述自己品茶的经验，说到年轻时就有机会品尝天下名茶，后来又对品茶之道进行细致的钻研，精益求精，很有味觉审美的心得。其中有几句非常有意思，提到他对天下名泉与饮茶的乐趣，也暗喻自己宦途起伏，到了万事不关心的景况：

好是一杯深，午窗春睡足。

清风击两腋，去欲凌鸿鹄。

嗟我乐何深，水经亦屡读。

陆子诧中泠，次乃康王谷。

蟆培顷曾尝，瓶罂走僮仆。

如今老且懒，细事百不欲。

美恶两俱忘，谁能强追逐。

他在诗中举了三种天下名水：中泠水、康王谷水、蟆培水（即虾蟆背水），显然受到七种水与二十种水传说的影响，不过，他却先举出中泠水，其次才是谷帘水，似乎暗示谷帘水并不能超越中泠水。

有趣的是，他还特别指出，"蟆培顷曾尝"，对虾蟆背水印象深刻，与天下第一水并列。这个虾蟆背水在二十种水名单中，名列第四，而且叙述得相当仔细："峡州扇子山下有石突然，泄水独清冷，状如龟形，俗云虾蟆口，水第四"，在唐宋时期倒是远近闻名的。

苏轼对虾蟆背水印象深刻，有其缘由，因为他曾经到过虾蟆背，有过"如人饮水，冷暖自知"的亲身体验。这就要溯源到1059年，苏轼二十四岁（虚岁）的时候，与父亲苏洵、弟弟苏辙第二度离开四川，经三峡东下的经历。他们到了西陵峡一段，过黄牛峡险滩。长江三峡之险，自古著称，西陵峡这一段则有著名的兵书宝剑峡、牛肝马肺峡、黄牛峡等。南朝刘宋时期盛弘之的《荆州记》说：

宜都西陵峡中有黄牛山，江湍纡回，途经信宿，犹望见之。行者语曰："朝发黄牛，暮宿黄牛。三朝三暮，黄牛如故。"

稍后的郦道元《水经注·江水》中，也有类似引录：

江水又东，经黄牛山下，有滩名曰黄牛滩。南岸重岭迭起，最外高崖间，有石，形如人负刀牵牛，人黑牛黄，成色分明。既人迹所绝，莫得究焉。此岩既高，加以江湍纡回，虽途经信宿，犹望见此物。故行者谣曰："朝发黄牛，暮宿黄牛，三朝三暮，黄牛如故。"

过了黄牛峡，就是扇子峡的虾蟆背。苏轼游历之后，写了

《虾蟆背》一诗：

> 蟆背似覆盂，蟆颐如偃月。
>
> 谓是月中蟆，开口吐月液。
>
> 根源来甚远，百尺苍崖裂。
>
> 当时龙破山，此水随龙出。
>
> 入江江水浊，犹作深碧色。
>
> 禀受苦洁清，独与凡水隔。
>
> 岂惟煮茶好，酿酒应无敌。

诗中形容了虾蟆背的奇特地形，指出虾蟆背水洁净清澈，流入浑浊的江水，依然呈现深碧之色，与凡水不同，煮茶酿酒，都是无可匹敌的。

过了三年，苏轼任职凤翔府判官之时，派往属下的宝鸡、虢、郿、盩厔四县调查，事后四处游历，写了《壬寅（1062）二月有诏：令郡吏分往属县减决囚禁》长诗，说到他完成"减决囚禁"的职务后，游览了太平宫、南溪溪堂、崇圣楼观、大秦寺、延生观、仙游潭、玉女洞等处，还对诗句作注，详细告诉弟弟苏辙这段经历。他描写玉女洞，诗句是：

最爱泉鸣洞，初尝雪入喉。

满瓶虽可致，洗耳叹无由。

自己加注说："洞中有飞泉，甚甘，明日以泉二瓶归至郿。"写到洞中有甘甜的飞泉，苏轼笔锋一转：

忽忆寻蟆培，方冬脱鹿裘。

山川良甚似，水石亦堪俦。

惟有泉旁饮，无人自献酬。

自注："昔与子由游虾蟆背，方冬，洞中温温如二、三月。"可见苏轼对虾蟆背的记忆犹新，难以忘情，特别告诉弟弟苏辙，怀念当时同游的情景。二十年之后，苏轼贬谪到黄州，品评天下名水的时候，他依然念念不忘虾蟆背水，附于中泠水与谷帘水之列。

黄州种茶

苏东坡遭人举报陷害，大难不死，贬谪黄州，官场中人避之唯恐不及，让他看尽了世态炎凉。还好他为人豪爽，交游广阔，有不少忠厚长者及知心好友，在他落难黄州之时，依然不离不弃，给他带来些许人情温暖。最让他感到欣慰的是，黄州地方官员与乡亲，不但乐于和他交往，更设法改善他的生活，协助他垦殖坡地，"锄禾日当午，汗滴禾下土"，开辟了稻田与菜圃。在写给好友王巩（定国）的信中，他说道：

近于侧左得荒地数十亩，买牛一具，躬耕其中。今岁旱，米甚贵。近日方得雨，日夜垦辟，欲种麦，虽劳苦却亦有味。

邻曲相逢欣欣，欲自号鏖糟陂里陶靖节，如何？（《苏轼文集》卷五十二《尺牍》，页1520—1521）

亲自下地耕田，除了劳其筋骨，起早贪黑之外，还要靠天吃饭，担心旱涝的问题，当然不是苏轼习惯的生活，不过，苏轼生性豁达，想到陶渊明当年也曾荷锄耕地，也就感到释然，居然还开起自己的玩笑，说可否自封一个外号"鏖糟陂里陶靖节"，也就是乌七八糟、不成体统的陶渊明。

荒瘠的废地也种上了松树与竹林，甚至有人从远处给他携来橘苗，大大改善了他的生存环境。苏轼有了大体就绪的农庄，勉强自给自足，成了东坡居士，就想打理一片茶园，满足品茶的嗜好。

他知道邻近的大冶有座桃花寺，寺里有甘美的泉水，还有远近驰名的茶坞，出产好茶，号称"桃花绝品"，就央求桃花寺长老给他茶种，写了《问大冶长老乞桃花茶栽东坡》一诗：

周诗记茶苦，茗饮出近世。

初缘厌粱肉，假此雪昏滞。

嗟我五亩园，桑麦苦蒙翳。

不令寸地闲，更乞茶子蓺。

饥寒未知免，已作太饱计。

庶将通有无，农末不相戾。

春来冻地裂，紫笋森已锐。

牛羊烦呵叱，筐筥未敢睨。

江南老道人，齿发日夜逝。

他年雪堂品，空记桃花裔。

这首诗非常有趣，充满了自嘲的口气，然而又很率真，反映了他随遇而安的豁达个性，同时也显露出他学殖富赡。诗一开头的两句，"周诗记荼苦，茗饮出近世"，极为简明扼要，说清了中国饮茶的历史进程。他说，《诗经》上记有"荼苦"，然而说的不是茶饮，喝茶是比较近代的事情。简单的两句话，显示了他清楚《诗经》中所说的"荼"，并不一定就是茶，也可能是各种苦菜。《诗经·邶风·谷风》有"谁谓荼苦，其甘如荠"之句，说的"荼苦"是苦菜，吃起来像荠菜；《诗经·大雅·绵》有"周原膴膴，堇荼如饴"之句，说的是堇葵菜。"荼苦"是说苦菜苦口，却很好吃，指的都不是茶。

接着他说，"初缘厌粱肉，假此雪昏滞"。喝茶这件事，最初是吃多了油腻的粱肉，用来清肠胃，扫除烦闷昏滞的，也就是陆羽说的，"若热渴、凝闷、脑疼、目涩，四肢烦、百节不舒，聊四五啜，与醍醐、甘露抗衡也"。然而，他现在的生活境遇，当一个普通农夫，勉强温饱就不错了，居然已经想到喝茶除腻，"饥寒未知免，已作太饱计"，不是穷措大一文不名，饥寒难免，居然想着吃得太饱的情景吗？

苏东坡自问自答，给了个还算自圆其说的道理。既然是耕种庄稼，何不既种口粮（农），也种经济作物的茶（末）呢？如此则得以互补，有无相通，到了春天，就在自家的雪堂出产桃花上品茶，让我这个头发渐稀、齿牙动摇的老人，得以享受清闲。

这首乞茶诗显示了苏东坡的潇洒豁达，在最艰苦困顿的时刻，依然向往着生活的乐趣。

幽人贞吉

　　苏轼经历了乌台诗狱,大难不死,一路冒着风雪,贬到黄州之时,根本无法照顾滞留在后的家眷。自己一个人,只有儿子苏迈陪伴,孤苦伶仃的,借住在定惠院僧舍。因为戴罪贬谪,是地方监管人员,不许乱说乱动,当然也不可以到处乱跑,只能在庙前庙后,趁着没人注意的时候,在附近转悠。试想他第一个月的生活,一定十分苦闷,白天在庙里偶尔听和尚念念经,吃口斋饭,平时窝在斗室,关起门来读《易经》与佛书。此时他写了《定惠院寓居月夜偶出》两首诗,反映了他苦闷的心情。第一首一开头就说:"幽人无事不出门,偶逐东风转良夜";第二首则有这样的句子:"饥寒未至且安居,忧患已空犹梦怕"。

他的心情显然忐忑不安，对刚刚经历的牢狱之灾心有余悸，夜里做梦都会害怕。

他称自己是"幽人"，显然是语义双关，一是说自己戴罪在身，是遭到幽禁之人，二是说自己不在官场，已经成了幽居隐逸之人。他在黄州没有公务，也不许参与公事，就有大把的闲暇，开始继续他父亲苏洵没有完成的《易传》，也同时反复思考蕴藏在《易经》里的深刻哲思。《易经·履卦》的卦辞是："履虎尾，不咥人，亨。"意思是说，小心走在老虎尾巴后面，猛虎不咬人，得以亨通。爻辞是："九二，履道坦坦，幽人贞吉。"意思是，小心走在平坦的大路上，幽静恬淡的人固守正直原则，可获吉祥。苏轼写的《东坡易传》，解释"九二"爻辞，是连带"六三"爻辞"六三，眇能视，跛能履，履虎尾咥人，凶"一起说明的。"六三"爻辞的意思是，眼睛瞎了还硬是要看，脚跛了还硬是要走，行走在老虎尾巴后面，被猛虎啮咬，有凶险。《东坡易传》说："九二之用大矣，不见于二，而见于三。"他的解释很特别，显然是跟自己的遭遇连在一起思考的，主要的论点是：自己的眼睛能看，自己的腿能走，就不会去踩踏老虎尾巴，而能安步行走在坦途，"岂非才全德厚，隐约而不愠者欤？故曰'幽人贞吉'"。有才有德的人，应该是幽隐简约，安详不愠，不要去踩老虎尾巴，不要去摸老虎屁股，夹着尾巴做人，就是"幽人贞吉"了。

苏轼对"幽人贞吉"的解释非常有趣，也即是要睁大眼睛，小心行事，便可化凶为吉。眼睛不看着君王的意图，行为与君王背道而驰，早晚要被老虎啮咬的，不死已经是天幸了。苏轼以《易经》的哲思观照，思考自己遭贬的经历，就有了心气的底蕴，言行尽量小心翼翼，同时也对"幽人"之称有一种特殊的亲切体会。他寓居在定惠院，还写过一阕《卜算子》：

> 缺月挂疏桐，漏断人初静。
>
> 谁见幽人独往来，缥缈孤鸿影。
>
> 惊起却回头，有恨无人省。
>
> 拣尽寒枝不肯栖，寂寞沙洲冷。

关于这阕词，后人有些匪夷所思的传说，有的说是黄州有女子想嫁给苏轼，有的说此词写在贬谪惠州之后，又有女子爱慕东坡不谐而死，诗人有感于女子钟情而作。绘形绘影，好像真有那么回事似的。其实，知道了苏轼寄居定惠院这段经历，知道他自比幽人的多重意义，就明白这阕词写得很清楚：他一个人在夜深人静时，从定惠院出来闲步，想到滞留远方的妻儿，感到幽人的孤单。同时也想到自己固守正道，不肯夤缘攀高枝，虽然寂寞，但生命的意义却是亨通的。

苏轼后来在《潘推官母李氏挽词》一诗（见《苏轼诗集》卷二十八）写道："南浦凄凉老逐臣，东坡还往尽幽人。"提及刚到黄州之时，潘氏兄弟以及一些仰慕者都十分照顾他，患难见真情，都是有德行的"幽人"。

南宋王之望（1104—1171）《汉滨集》卷十五，有一篇《跋鲁直书东坡卜算子词》："东坡此词，出《高唐》《洛神》《登徒》之右，以出三界人游戏三界中，故其笔力蕴藉超脱如此。山谷屡书之，且谓非食烟火人语，可谓妙于立言矣。盖东坡词如国风，山谷跋如小序。字画之工，亦不足言也。"

东坡的由来

　　苏轼在四十六岁（实际年龄四十五岁）之前，是不叫苏东坡的。他字子瞻，排行第二，又字和仲，"东坡居士"是他被贬谪到黄州之后起的号。他四十四岁那年遭到诬陷，说他写诗污蔑朝廷新法，甚至对皇帝不敬，被关进牢里，差点送了命。他在狱中误以为必死无疑，给弟弟苏辙写了两首绝命诗，第一首开头是："圣主如天万物春，小臣愚暗自亡身。"天子圣明，泽被八荒，自己陷入死境当然是因为自己愚昧，罪有应得。接下来的两句："百年未满先偿债，十口无归更累人。"才活了半百，就要归阴以命偿债了，可是还有十口家小怎么办呢？自己死了，无法叶落归根，就埋在这里算了，可是又想到，以后弟弟在雨夜时分悼念他的心境，一定是凄凉无比："是处青山可埋骨，他时夜雨独伤神。"此时的苏轼，想到了自己毕生清廉守法，辛勤工作，居然遭人诬陷，到了生命的终结，是否感到困惑与迷惘呢？

没想到关了一百三十天之后，命运来了转机，在过年之前，皇帝放他出狱，贬到黄州。他庆幸万分，又高高兴兴写起诗来：

> 百日归期恰及春，余年乐事最关身。
>
> 出门便旋风吹面，走马联翩鹊啅人。
>
> 却对酒杯浑似梦，试拈诗笔已如神。
>
> 此灾何必深追咎，窃禄从来岂有因。

脱离了牢狱之灾，马上就忘了因写诗而遭人陷害的文字狱，既不追咎仇怨，也不去想官场的倾轧，反而感到春风拂面，鹊鸟啁啾，像孩童过新年一样兴奋，夸起自己诗笔如神，反映了他极其乐观的人生态度。贬到黄州之后，连个正式的住处都没有，只能寄居在庙里，贫困潦倒。到了第二年，才通过朋友的安排，在黄州找到一块废弃的营地，这就是他的"东坡"：

雨洗东坡月色清，市人行尽野人行。

莫嫌荦确坡头路，自爱铿然曳杖声。

苏东坡在黄州的生活十分困苦，因为遭贬，虽然释放出狱的时候给了个"检校水部员外郎黄州团练副使"的职称，其实只是遭到贬责的虚职，不许参与地方政府的管治，也得不到固定的薪俸津贴。好在他的朋友马正卿为他向黄州地方政府申请了一块废弃的营地。苏轼曾写过《东坡八首》组诗，序中说到躬耕东坡的辛劳："地既久荒，为茨棘瓦砾之场，而岁又大旱，垦辟之劳，筋力殆尽。"他要改造地球，自食其力，完全变成了汗滴禾下土的农民。他前途茫茫，当然也有迷惘的时候，不知道贬谪的日子会延续到什么时候，但是逆来必须顺受，人还是要活下去的。

他刚到黄州，写了一首《初到黄州》的诗，充满了自嘲：

自笑平生为口忙，老来事业转荒唐。

长江绕郭知鱼美，好竹连山觉笋香。

写诗招来的诬陷与迫害，是祸从口出，已经遭到了报应，但是贪吃的习惯却改不了，想到黄州还有鲜鱼与好笋可吃，心情大好。不仅如此，他还发现黄州人不怎么吃猪肉，这可是便宜了苏东坡这个美食家了。他写的《猪肉颂》就清清楚楚说明了烹调东坡肉的缘起：

> 净洗铛，少着水，柴头罨烟焰不起。待他自熟莫催他，火候足时他自美。黄州好猪肉，价贱如泥土。贵者不肯吃，贫者不解煮，早晨起来打两碗，饱得自家君莫管。

在困境中发现人生的乐趣，不管是精神境界的信仰追求，还是感官享受的审美乐趣，都可以是超越迷惘的法门，至少心境有所开脱，不会纠缠在完全无法挣脱的世网之中，使自己陷入的挫折转为无尽的抑郁。

苏东坡为什么可以超脱他面临的挫折与迷惘？因为他有学问修养的累积，也就产生了一定的自信，知道自己的价值，在日常生活中找到乐趣，即使不为俗世所用，至少可以明哲保身。他后半生累次遭到流放，甚至贬谪到海南的穷乡僻壤，却依然可以豁达开朗，面对艰难的人生。他的经历，或许可以给后人一些启发，那就是，再优秀的人也难以预料命运的转折，无法预知明天的风云变幻，只能靠自己锲而不舍的努力来成就自信，肯定自己的生命价值。当你遭遇困境，感到生命困顿带来挫折与灾难，使你迷惘不安，不知何去何从的时候，一定要反躬自省，回到真实的自我，不断充实自己，使自己有材有料，才不会怨天尤人，碌碌一生。

谁与偕游

　　苏轼于元丰三年（1080）初贬谪到黄州，第二年得了城东一片废弃营地，躬耕自养，才自号东坡居士。他最初寄住在庙里，后来搬到江边的临皋亭，有个逼仄的住处，经营东坡之后，盖了雪堂，总算有了个接待朋友的处所。他的《前赤壁赋》写于到达黄州第三年的秋天："壬戌之秋，七月既望，苏子与客泛舟游于赤壁之下。"与来访的朋友一道乘舟游赤壁，赏月饮酒歌诗，"客有吹洞箫者，倚歌而和之"。这位"客"是谁呢？赋中没提姓名，历代学者却找出了他的真名实姓。首先他是客，其次他会吹箫，又在壬戌年来访东坡，这就缩小了寻人的范围。

对东坡而言，这个壬戌年的春天不太顺利，三月初想在沙湖买块田，却在途中遇雨。虽然意态潇洒，写了《定风波》一词，说"谁怕？一蓑烟雨任平生"，又说"归去，也无风雨也无晴"，毕竟年纪不饶人，还是生了场病。一个月后，到了寒食期间，大雨不止，水浸入室，狼狈不堪，就如《寒食雨》帖所记："春江欲入户，雨势来不已。小屋如渔舟，蒙蒙水云里。"大概就在雨涝之后不久，有位来自四川故乡的道士杨世昌来探访他，教他道家养生之术，还教他炼丹酿酒之法，给东坡带来不少乐趣。杨道士多才多艺，不但懂得天文星相，也对琴棋书画颇有造诣，同时善于吹箫，符合吹箫客的人选。

苏轼《次韵孔毅父久旱已而甚雨三首》写在这个时间节点，其中第三首说道：

君家有田水冒田，我家无田忧入室。

不如西州杨道士，万里随身惟两膝。

沿流不恶溯亦佳，一叶扁舟任飘突。

山苇麦曲都不用，泥行露宿终无疾。

夜来饥肠如转雷，旅愁非酒不可开。

杨生自言识音律，洞箫入手清且哀。

　　说的是，孔毅父家里有田，不幸遭了水淹，而自己虽然没有田产，泥水却几乎冲入小屋，只有杨道士两手空空，周游天下，完全不必担心家产遭灾。清楚透露了杨道士来到黄州做客的时间，应该就是寒食雨涝前后。《施注苏诗》卷二十，在批注此诗之时，提供了一条重要线索，引了苏轼为杨道士所写的书帖："十月十五日夜，与杨道士泛舟赤壁，饮醉。夜半，有一鹤自江南来，翅如车轮，戛然长鸣，掠余舟而西，不知其为何祥也。"这就坐实了《后赤壁赋》中的"客"及梦到的道士，就是杨世昌道士，而《前赤壁赋》中的"客有吹洞箫者"，应该也非他莫属。

　　赵翼《陔余丛考》卷二十四《赤壁赋洞箫客》："东坡《赤壁赋》，'客有吹洞箫者'，不着姓字。吴匏庵有诗云：'西飞一鹤去何祥？有客吹箫杨世昌。当日赋成谁与注？数行石刻旧曾藏。'据此，则客乃杨世昌也。按东坡《次孔毅父韵》：'不如西州杨道士，万里随身惟两膝。'又云：'杨生自言识音律，洞箫入手清且哀。'则世昌之善吹箫可知。匏庵藏帖，信不妄也。按，世昌，绵竹道士，字子京，见王注苏诗。"论证的关键是吴匏庵诗句透露的消息，所谓"数行石刻旧曾藏"，想来是曾经藏有苏轼手书的石刻拓片，确认了"客"是杨道士。

另有学者（如张尔岐）指出，东坡写过《李委吹笛并引》："元丰五年（1082）十二月十九日，东坡生日。置酒赤壁矶下，……酒酣，笛声起于江上。客有郭、古二生，颇知音，谓坡曰：'笛声有新意，非俗工也。'使人问之，则进士李委，闻坡生日，作新曲曰《鹤南飞》以献。呼之使前，则青巾紫裘腰笛而已。既奏新曲，又快作数弄，嘹然有穿云裂石之声。坐客皆引满醉倒。"李委曾在赤壁为东坡吹笛，那么，吹箫客也可能是李委。

但是，东坡记载说的是年底生日，畅游赤壁时初遇李委，之前是不认识的，因此，也就不可能是《前赤壁赋》（七月十五）与《后赤壁赋》（十月十五）中记载的吹箫客。印证时间的先后，吹箫客是杨世昌道士无疑。

把盏为乐

　　苏轼好酒，似乎家喻户晓，也就引来许多对诗人的联想，甚至妄下结论：诗人都好酒贪杯，以至于误了国家大事。这样的联想，可能来自《世说新语》记载竹林七贤的故事，像阮籍、刘伶借酒装疯，驾车到荒山野岭穷途末路，放声大哭，或是醉酒终日，不肯起床，其实是逃避政治迫害。诗人饮酒任性，在普罗大众的心目中，更可能来自李白的传说，什么要高力士为他脱靴，在采石矶饮酒捉月而淹死，大概都是过度夸大想象李白的诗兴，"抽刀断水水更流，举杯消愁愁更愁"，在小说戏曲中编出极为戏剧化的桥段。苏轼好酒，历代传诵，他给人的印象却相当温和。

其实，苏轼虽然好酒，却总是清醒的。他酒量很小，容易喝醉，但一醉就睡，不可能出现什么荒唐的行径。他曾为刘伶、阮籍的狂诞饮酒行为，做过辩解说，"周公作《酒诰》，卫武公作《抑戒》，以为荒惑败乱，无若酒者；而刘伶、阮籍之徒，以此全其真而名后世"。还写下几句诗："昔人固多癖，我癖良可赎。为问刘伯伦，胡然枕糟曲？"苏轼强调自己喝酒的癖好，是无可厚非，可以救赎的，理由就在刘伶写的《酒德颂》，其中回答道貌岸然人士，以不理不睬的方式驳回他们的严厉谴责："于是方捧罂承槽，衔杯漱醪。奋髯箕踞，枕曲藉糟，无思无虑，其乐陶陶。兀然而醉，豁尔而醒。"

苏轼对自己好酒的情况，做过多次反省，可算是有自知之明的。他于元丰三年（1080）遭贬到黄州，禁止参与任何官府活动，无所事事，除了后来获得城东的废弃官地，开辟东坡之外，就是四处乱逛，看看花，行行山，烹茶饮酒。他当时写过一篇《饮酒说》：

予虽饮酒不多，然而日欲把盏为乐，殆不可一日无此君。州酿既少，官酤又恶而贵，遂不免闭户自酿。曲既不佳，手诀亦疏谬，不甜而败，则苦硬不可向口。慨然而叹，知穷人之所为无一成者。然甜酸甘苦，忽然过口，何足追计。取能醉人，则吾酒何以佳为，但客不喜尔，然客之喜怒，亦何与吾事哉！元丰四年（1081）十月二十一日书。

这里讲了他生活的困窘，经常喝不到好酒，市面上的公卖酒类质量低劣而且很贵，逼得他只好自己酿私酒。可是酿酒也不是件容易的事，酒曲既差，技术也不可靠，因此，自酿出来的酒苦涩不堪，没有人要喝。这又让他感叹，"知穷人之所为无一成者"，人穷志短，连可口的酒都没得喝。

到了第二年，来自四川的杨世昌道士来访，教他养生酿酒之法，终于知道如何酿造蜜酒了。但是，他自酿的蜜酒技术还是不过关，喝了要拉肚子，也就不敢尝试再酿了。多年之后，他被贬到惠州，学了酿酒新法，酿造出桂酒与真一酒，洋洋得意，写过酿酒秘方，抄给朋友。不过，他的两个儿子尝过之后，却偷偷表示，实在不敢恭维。《避暑录话》记载：

苏子瞻在黄州，作蜜酒不甚佳，饮者辄暴下，蜜水腐败者尔。尝一试之，后不复作。在惠州作桂酒，尝问其二子迈、过，云亦一试而止。大抵气味似屠苏酒。二子语及，亦自抚掌大笑。二方未必不佳，但公性不耐事，不能尽如其节度。姑为好事借以为诗，故世喜其名。

苏东坡在晚年写过很多和韵陶渊明的诗，经常提到渊明饮酒的逸事。他写《和陶饮酒二十首并叙》，一开头是这么说的：

> 吾饮酒至少，常以把盏为乐。往往颓然坐睡，人见其醉，而吾中了然，盖莫能名其为醉为醒也。

东坡在黄州写《定风波》词，结尾是"也无风雨也无晴"，在惠州和诗陶渊明，居然是"莫能名其为醉为醒"，真是诗人本色。

吃素不杀生

苏轼是历史上有名的吃货。在我们的印象里，这位宋代的大文豪好吃的程度，绝不输给吃尽天下一切生物的广东人，从天上飞的，地下跑的，到水里游的，没有不吃的。在中国烹饪传统中，"东坡"已经成了美食的代号，直到今天人们还打着东坡旗号，艳称各种各样的东坡菜肴。除了享誉全球的东坡肉，中国各地还有林林总总的美味：东坡蒸猪头，东坡糖蒸肉，东坡肉丝汤，东坡羊骨汤，东坡爆羊肉，东坡狗肉，东坡黄鸡，东坡牛尾狸，东坡鱼头豆腐汤，东坡扇面划水，东坡虾，东坡蟹，东坡烹河豚，东坡蚝，东坡笋，东坡元修菜，东坡牛肉羹，东坡玉米糁，东坡豆花，东坡豆粥，东坡藕，东坡烧卖，东坡酥，东坡芽脍……

苏东坡虽然贪吃，却笃好佛家慈悲为怀的教义，心中存有不杀生的善念，还曾经发过誓，说要终生吃素。指天发誓要终生吃素，是白纸黑字，写在呈给皇帝的谢表之中，应该不是随口乱说，否则岂不犯了欺君的大罪？然而，他似乎心口不一，不旋踵就吃起猪肉了。心里想着不杀生，口里却品尝鸡鸭鱼肉的美味，会不会陷入他最讨厌的假道学窠臼，变成令人不齿的两面派呢？对天发誓要吃素，却猪羊鸡鱼，虾蟹蚝蛤，一概通吃，到了晚年更是变本加厉，连蝙蝠蛤蟆，蜜唧乳鼠，都成为品尝的珍馐。如此违背誓言，会不会永堕十八层地狱呢？有没有什么办法，既不杀生，又能大快朵颐，品尝焖烧猪肉滑腻香糯的滋味，咂吮黄芽白菜萝卜鲫鱼汤乳白香浓的鲜甜，回味放山鸡白云出岫般的隽永呢？苏东坡是怎么看待自己的心口不一，如何调适内心矛盾呢？

公元1080年，苏轼经历了乌台诗狱，九死一生，遭贬黄州。他刚抵达黄州就写了《到黄州谢表》，感谢神宗皇帝不杀之恩，发了重誓："伏惟此恩，何以为报。惟当蔬食没齿，杜门思愆。"在谢表的结尾，还指天发誓，说"指天誓心，有死无易"。他向朝廷呈上谢表的时候，同时写了一首自嘲诗《初到黄州》："自笑平生为口忙，老来事业转荒唐。长江绕郭知鱼美，好竹连山觉笋香。"谢表里才说了"惟当蔬食没齿，杜门思愆"，而且"指天誓心，有死无易"，转眼就垂涎起黄州有武昌鱼的美味，又有满山的嫩笋，馋得直咽唾沫。

苏轼贬到黄州不久，就写了《猪肉颂》，详细列明了慢煮的烹调法，把等级低贱的猪肉做成佳肴，成了东坡肉的滥觞。苏轼喜欢吃猪肉，早在遭贬之前就有端倪，到了黄州调制慢炖猪肉，只是亲力下厨的实践。他于1071年初冬任杭州通判（二把手），享受过三年诗酒风流的好日子，当时的杭州太守是陈襄（字述古），两人都学佛写诗，饮酒观花，成莫逆之交。苏轼就曾以吃猪肉打比方，作为学佛的方便法门，说陈襄钻了学佛的牛角尖。他的说法，是佛法为我所用，学佛有益无害，可以建设心理健康，不必妄想成佛：

> 佛书旧亦尝看，但暗塞不能通其妙，独时取其粗浅假说以自洗濯，若农夫之去草，旋去旋生，虽若无益，然终愈于不去也。若世之君子，所谓超然玄悟者，仆不识也。往时陈述古好论禅，自以为至矣，而鄙仆所言为浅陋。仆尝语述古，公之所谈，譬之饮食龙肉也，而仆之所学，猪肉也，猪之与

龙，则有间矣，然公终日说龙肉，不如仆之食猪肉实美而真饱也。不知君所得于佛书者果何耶？为出生死、超三乘，遂作佛乎？（《答毕仲举书》）

这段话有点诙谐调笑，玩世不恭，说佛法的"超然玄悟"如龙肉那么高超玄妙，可惜"不如仆之食猪肉实美而真饱也"。说佛谈禅，居然以吃猪肉为譬喻，可看出苏轼念念不忘猪肉，也难怪他发誓吃素之后，还是不能忘情口腹之欲，而且就地取材，因陋就简，发明了令人垂涎欲滴的东坡肉。

苏轼发誓吃素，又忍不住要吃肉，希望以诵经的方式，解脱他食肉的罪孽。他写过《诵经帖》，就是描述内心的挣扎："东坡食肉诵经，或云'不可诵'。坡取水漱口，或云：'一碗水如何漱得？'坡云：'惭愧！阇黎会得！'"这篇妙文写的是，他吃了肉再念经，以减轻罪愆。有人跟他说，不可以这样诵经，他就取水漱口，认为口中清洁了。人家不同意，指出一碗水怎么洗得清吃肉的罪孽。他回答说惭愧，却认为心意已到，和尚是懂得的。这种吃肉诵经法，苏轼一直沿用，一方面知道该吃素，不杀生，另一方面却以念经忏悔的方式，企图减免他吃肉的罪过。他甚至还写过《僧自欺》一文，说和尚也想吃肉，俗人吃肉能想到结为斋社，其实也不错，长老会感到欣慰的："僧谓酒'般若汤'，谓鱼'水梭花'，谓鸡'钻篱菜'，竟无所益，但自欺而已，世常笑之。然人有为不义而文之以美名者，与此何异哉！俗士自患食肉，欲结卜斋社，长老闻之，欣然曰：'老僧愿与一名。'"

周紫芝《竹坡诗话》记载：

> 东坡喜食烧猪，佛印住金山时，每烧猪以待其来。一日为人窃食，东坡戏作小诗云："远公沽酒饮陶潜，佛印烧猪待子瞻。采得百花成蜜后，不知辛苦为谁甜。"

诗中说佛印烧猪，为的是东坡喜欢吃，自己却不食，真是为谁辛苦为谁甜。这里引的典故是高僧慧远住庐山东林寺，与佛徒结有莲社，邀请陶渊明前来，渊明回答，"若许饮则往"。慧远答应他可以喝酒，于是陶渊明才前来参加。故事显示，高僧并不拘泥"荤酒不入山门"这种死规矩，所以佛印禅师也就烧猪以待东坡，东坡感到有了高僧的背书，吃得心安理得，十分高兴。

不仅吃猪肉，他在黄州还创新了煮鱼的妙方：

其法，以鲜鲫鱼或鲤治斫，冷水下，入盐如常法，以菘菜心芼之，仍入浑葱白数茎，不得搅。半熟，入生姜、萝卜汁及酒各少许，三物相等，调匀乃下。临熟，入橘皮线，乃食之。其珍食者自知，不尽谈也。(《苏轼文集》卷七十三《煮鱼法》)

苏轼煮鱼的食谱写得很清楚，做的是一锅鱼羹，把新鲜的河鱼切成块，掺入黄芽白菜，放进葱白去腥，关键是不得搅动。等到鱼肉半熟之时，再把等量的生姜、萝卜汁、酒调匀倒入。鱼羹快熟的时候，再加入新鲜的橘皮丝，如此河鱼的土腥味完全祛除，鲜美芳香。他后来咸鱼翻身，在1089年担任杭州太守时，回忆起当年在黄州煮鱼羹的往事，得意万分，认为是困穷期间发明的美味，不仅果腹，还大受朋友的赞扬："予在东坡，尝亲执鎗匕，煮鱼羹以设客，客未尝不称善，意穷约中易为〔果〕腹耳。"当了杭州太守，餍饫于山珍海味的鲜腴，想起当年自己创造的美肴，请了几个好友品尝鱼羹，得到大家赞赏，还是非常得意：

今出守钱塘，厌水陆之品。今日偶与仲天贶、王元直、秦少章会食，复作此味，客皆云：此羹超然有高韵，非世俗庖人所能仿佛。岁暮寡欲，聚散难常，当时作此，以发一笑也。元祐四年十一月二十九日。(《苏轼文集·佚文汇编卷六》)

苏轼自我吹嘘"味自慢"的这道鱼羹，其实借鉴了魏晋以来的鱼羹制作，化唐宋名菜"金齑玉脍（鲙）"为"金齑玉羹"，把鱼鲙（生鱼片）变成了鲜鱼羹汤，比后来在杭州流行的宋嫂鱼羹醋熘滋味，要来得清淡，多一分清风明月的雅致。苏轼欣赏"金齑玉脍"，还要操持庖厨，灵感大概来自晋代张翰思念的"吴中菰菜羹、鲈鱼脍"（见《世说新语·识鉴》）。关于金齑玉脍的做法，北魏贾思勰所著《齐民要术》书中有"八和齑"一节，指出"金齑玉脍"在当时已经广为流行，并且详细介绍了金齑的配料："蒜一、姜二、橘三、白梅四、熟栗黄五、粳米饭六、盐七、酢八。"金齑的制作法，《齐民要术》的记载是，先把白梅、姜、橘皮捣成末，再下其他配料在臼中捣烂。至于玉脍，则说："脍鱼肉，鲤长一尺者，第一好。大则皮厚肉硬，不任食，止可作酢鱼耳。"贾思勰特别提到用鲤鱼，是因为他是山东青州人，生活在北方，担任过高阳郡（今山东淄博一带）的太守，环境与吴中地区盛产鲈鱼的情况不同。

《太平御览·饮食部》卷二十，引汉代谶纬书《春秋佐助期》说："吴中以鲈鱼做脍，菰菜为羹，鱼白如玉，菜黄若金，称为金羹玉脍，一时珍食。"这应该就是"金齑玉脍"美称的最初来源，和苏轼的改良版鱼羹一脉相通，所不同者，在于后来的烹调加入了"金齑"，以橘皮泥或橘皮丝增添甜酸的香味。唐代刘𬸚的《隋唐嘉话》记载："吴郡献松江鲈，炀帝曰：'所谓金齑玉脍，东南佳味也。'"可见中唐以后，"金齑玉脍"这一道菜肴，已经广为食家所知，而且传为隋炀帝南游享用的珍馐。《太平广记·吴馔》引笔记小说《大业拾遗记》说："又吴郡献松江鲈鱼干脍六瓶。瓶容一斗。作脍法，一同鲍鱼。然作鲈鱼脍，须八九月霜下之时，收鲈鱼三尺以下者作干脍。浸渍讫，布裹沥水令尽，散置盘内。取香柔花叶，相间细切，和脍拨令调匀。霜后鲈鱼，肉白如雪，不腥。所谓金齑玉脍，东南之佳味也。"显示汉晋以来，金齑玉脍已是南北通行的美食佳肴，在江南地区以鲈鱼为食材，北方则有所变通，用鲤鱼代替。不过，在唐宋时期，文人雅士称颂的食材，还是江南的鲈鱼、青鱼或鲂鱼。王昌龄《送程六》诗："冬夜伤离在五溪，青鱼雪落鲙橙齑。"孟郊《与王二十一员外涯游枋口柳溪》诗："灵味荐鲂瓣，金花屑橙齑。"晚唐皮日休流连苏州，与陆龟蒙诗酒唱和的时候，写过《新秋即事三首》，其中说道："共君无事堪相贺，又到金齑玉脍时。"

苏轼初次到江南，任杭州通判，就曾亲尝金齑玉脍这道美食。他离开杭州，任山东密州太守，十分怀念江南的芳鲜美味，写了一首《和蒋夔寄茶》，开头就说：

> 我生百事常随缘，四方水陆无不便。扁舟渡江适吴越，三年饮食穷芳鲜。金齑玉脍饭炊雪，海螯江柱初脱泉。临风饱食甘寝罢，一瓯花乳浮轻圆。

在杭州品尝江南美食，不但尝到金齑玉脍，还有海螃蟹、江瑶柱，吃饱睡足了，再喝一杯乳花轻浮的好茶，真是美妙人生。他在密州时，还给担任洋州太守的表兄文同写过三十首和诗，赞美文同的洋川园池，其中一处是"金橙径"。文同的原诗是："金橙实佳果，不为土人重。上苑闻未多，谁能为移种。"苏轼的和诗是：

> 金橙纵复里人知，不见鲈鱼价自低。

须是松江烟雨里，小船烧薤捣香齑。

苏辙跟着和了一首：

叶如石楠坚，实比霜柑大。

穿径得新苞，令公忆鲈鲙。

可见苏轼及其亲友都十分熟悉金齑玉脍，而且认为金橙与松江鲈鱼是绝配。1079年苏轼任湖州太守，在六月酷暑到城南消暑饮宴，写了《泛舟城南会者五人分韵赋诗，得"人皆苦炎"字四首》，第三首：

紫蟹鲈鱼贱如土，得钱相付何曾数。

碧筒时作象鼻弯，白酒微带荷心苦。

运肘风生看斫脍，随刀雪落惊飞缕。

不将醉语作新诗，饱食应惭腹如鼓。

显然是吃了当地价廉物美的太湖蟹与鲈鱼脍，看到精心调制的过程，鲈鱼切片如雪花飞落，赏心悦目，饱食一餐，作诗记快。

苏东坡自鸣得意的鱼羹，是合菘菜与橙齑两者为配料，以黄州当地现成的鲫鱼或鲤鱼为食材，显然是继承了"金齑玉脍"传统的改良菜式，化身为"有汁有味"的金齑玉羹，可谓有滋有味的平民美食。在处理金齑的方法上，他有时使用捣烂的橙泥，如1083年写于暮秋的《十拍子》一词，就提到"金齑新捣橙香"；制作鱼羹时，则不再捣橙橘成泥，而用橘皮切成细丝之法，作为提味的配搭。

苏轼在黄州，既吃猪肉又吃鱼，完全违背了自己的誓言，就算能够躲开皇帝的耳目，如何解决"食言而肥"的自我欺诈行为呢？苏轼熟读圣贤书，当然知道《礼记·大学》说的"正心诚意"。就算《大学》一篇，还没成为《四书》之一，不必从孩童时期就记诵于心，苏轼也不可能忘记他尊崇为"文起八代之衰"的韩愈，不可能不想到韩愈在《原道》中再三强调而引述的文字："古之欲明明德于天下者，先治其国；欲治其国者，先齐其家；欲齐其家者，先修其身；欲修其身者，先正其心；欲正其心者，先诚其意。"发誓吃素不杀生，却又贪吃，一而再，再而三，控制不住内心食肉的欲望，不能正心诚意，怎么办？

苏轼心口不一，经常天人交战，是他毕生难以摆脱的纠缠。他曾以"名喻"（allegory）的文字形式，写过《口目相语》（《东坡志林》题作"子瞻患赤眼"）：

> 余患赤目，或言不可食脍。余欲听之，而口不可，曰："我与子为口，彼与子为眼，彼何厚，我何薄？以彼患而废我食，不可。"子瞻不能决。口谓眼曰："他日我啥，汝视物，吾不禁也。"

虽然出之以诙谐嘲弄，含义却很清楚，就是按照医理，得了赤眼病，是不应该吃鱼脍的，然而禁不住口想吃，说出了一番自嘲的歪理：你管你的眼睛，我管我的口。我不管你，你也别来管我；鱼脍还是要照吃的。

苏轼还想出一记妙招，就是"食自死物"，自己不杀，吃已经死的鸡鸭鱼肉。反正自己没动手，不算杀生。至于终生吃素的问题，暂时解决不了，先放在一边，以后再来处理。他在黄州读《南史隐逸传》，读到卢度的经历，感到心有戚戚："始兴人卢度，字彦章。有道术。少随张永北侵魏，永败，魏人追急，淮水不得过。自誓若得免死，从今不复杀生。须臾见两楯，流来接之，得过。后隐居庐陵西昌三顾山，鸟兽随之，夜有鹿触其壁。度曰：'汝勿坏我壁。'鹿应声去。屋前有池，养鱼，皆名呼之，次第取食。逆知死年月，竟以寿终。"苏轼深有所感，特别指出，"偶读此书，与余事粗相类，故并录之"。卢度本来难逃一死，发誓不再杀生而获救，行为类似自己的遭遇，后来依旧吃鱼，而且吃的还是能叫出名字的鱼朋友。苏轼为此写了《书南史卢度传》一文，作为自己不杀生却吃鱼吃肉的榜样：

> 余少不喜杀生，然未能断也。近来始能不杀猪羊，然性嗜蟹蛤，故不免杀。自去年得罪下狱，始意不免，既而得脱，遂自此不复杀一物。有见饷蟹蛤者，皆放之江中。虽知蛤在江水无活理，然犹庶几万一，便使不活，亦愈于煎烹也。非有所求觊，但以亲经患难，不异鸡鸭之在庖厨，不忍复以口腹之故，使有生之类，受无量怖苦尔，犹恨未能忘味，食自死物也。

苏轼写这篇读书札记，时在刚到黄州不久，联系到了自己刻骨铭心的痛苦经验。先说自己从小不喜欢杀生，然而并没有把模糊的想法化作真实的生命实践，照样吃猪牛鸡鸭、河海生鲜。一直到发生了乌台诗狱，自己在湖州太守任上被捕，才体悟到生命的脆弱，人与鸡犬的差别不大。据《孔氏谈苑》记逮捕的情况："顷刻之间，拉一太守如驱犬鸡。此事（祖）无颜目击也。"他在狱中，自料必死无疑，写了两首诗给弟弟苏辙，当作告别的遗书，请狱卒交给弟弟。其一说：

是处青山可埋骨，他时夜雨独伤神。

与君今世为兄弟，又结来生未了因。

其二说到身陷囹圄，感到杀气肃然，像待宰杀再投入滚汤的鸡：

柏台霜气夜凄凄，风动琅珰月向低。

梦绕云山心似鹿，魂惊汤火命如鸡。

幸而遭贬出狱，从此不想再杀生，因为"以亲经患难，不异鸡鸭之在庖厨"。

苏轼刚到黄州，心有余悸，不杀生的念头触发了终生吃素的誓言，向皇帝立下重誓，以示改过之诚。在黄州住久了，逐渐适应了贬谪生活，地方官员与当地读书人都对他多有照顾，生活安定，也不再害怕了。1082年春天三月，他甚至打算到沙湖买田定居，遇到阵雨，写了《定风波》一词，上阕是："莫听穿林打叶声，何妨吟啸且徐行。竹杖芒鞋轻胜马，谁怕？一蓑烟雨任平生。"下阕就潇洒起来，结尾是："归去，也无风雨也无晴。"对人生在世的悲欢离合，对命运的起伏泰否，有了通透豁达的体会，一切随缘，不再有金马玉堂的向往，也不畏风雨冰霜的侵凌。不怕了，已经是戴罪在身的一介平民，天高皇帝远，死猪不怕滚水烫了。那么，还杀不杀生，吃不吃鸡鸭鱼肉呢？

苏轼从尊贵的太守跌到社会底层，成了躬耕东坡的农民，不怕归不怕，内心还是有一杆秤，依旧保有耳濡目染的信念，敬天法祖，贵生爱物。自己不杀生，还是想吃肉，就鼓励别人动手，自己坐享其成，"食自死物"。他在黄州遇到了气味相投的太守徐大受（字君猷），经常诗酒唱和，提供生活所需不说，还会利用官府庖厨，为苏轼安排珍馐美味。苏东坡在冬天的时候（1081或1082，学者有争论），曾经给徐太守写过一首诗《送牛尾狸与徐使君（时大雪中）》：

风卷飞花自入帷，一樽遥想破愁眉。

泥深厌听鸡头鹘，（蜀人谓泥滑滑为鸡头鹘）酒浅欣尝牛尾狸。

通印子鱼犹带骨，披绵黄雀漫多脂。

殷勤送去烦纤手，为我磨刀削玉肌。

这首诗先写了黄州大雪纷飞，遍地雪泥，笔锋一转，罗列了他想吃的四种美味：鸡头鹘、牛尾狸、通印子鱼、披绵黄雀。他自己不杀生，于是给徐太守送去，请他的厨娘巧手烹制。这四味珍馐，值得一一列明：

第一，鸡头鹘。苏轼因为天降大雪，地面泥滑，从土语"泥滑滑"想到家乡的山珍鸡头鹘（竹鸡），不禁食指大动。《本草纲目》卷四十九"竹鸡"条："蜀人呼为鸡头鹘，南人呼为泥滑滑，皆因其声也。"

第二，牛尾狸，就是岭南盛称的果子狸，又称玉面狸，冬天极为肥美。《酉阳杂俎》说："洪州有牛尾狸，肉甚美。"《本草纲目·兽二》解释得很清楚："南方有白面而尾似牛者，名牛尾狸，亦曰玉面狸。专上树，食百果。冬月极肥，人多糟为珍品，大能醒酒。"

第三，通印子鱼，在宋代是相当著名的海产。王安石有诗《送张兵部知福州》，有句"长鱼俎上通三印"，洪迈《容斋四笔》卷八"通印子鱼"引此为据，解释东坡的诗句："盖以福州濒海多鱼，其大如此，初不指言为子鱼也。东坡始以'通印子鱼'对'披绵黄雀'，乃借'子'字与'黄'字为假对耳。"认为是福州的长鱼，苏轼改名通印子鱼，是为了写诗对仗的安排。陈正敏不以为然，在《遁斋闲览·证误》指出，"蒲阳通应子鱼，名著天下。盖其地有通应侯庙，庙前有港，港中之鱼最佳。今人必求其大可容印者，谓之通印子鱼"。说了通应（印）子鱼的来历，并且指出，是天下闻名的美味。庄绰《鸡肋篇》卷中："兴化军莆田县去城六十里，有通应侯庙，江水在其下，亦曰通应。地名迎仙。水极深缓，海潮之来，亦至庙所，故其江水咸淡得中，子鱼出其间者，味最珍美，上下十数里鱼味即异，颇难多得。故通应子鱼，名传天下。而四方不知，乃谓子鱼大可容印者为佳。虽山谷之博闻，犹以通印鳖鱼为披绵黄雀之对也。至云'鳖鱼背上通三印'，则传者益误，正可与'一麾'为比矣。以子名者，取子多为贵也。"

第四，披绵黄雀。批注苏东坡诗文的《施注》说："黄雀出江西临江军，土人谓脂厚为披绵。"其实，就是南方盛称的禾花雀，到了冬天最为肥美。岭南人赞不绝口，视为珍味，至今东莞还有"三禾宴"，即是禾虫、禾花鲤鱼、禾花雀。

看起来，苏轼贬在黄州，虽为戴罪监管，却想方设法，享用肥腴的山珍海味，只是出于好生之德，发自不忍之心，"食自死物"，君子远庖厨，让太守的厨娘去打理。他只是保持不杀生的想法，吃素的念头已经抛之脑后了。

苏轼的性格有点潇洒不羁，随心所欲，却时常逾矩。他喜欢喝酒，酒量却浅，很容易就喝醉了。在黄州的时候，想来心情还是郁闷，与朋友相聚饮酒以消永日，喝醉的场合不少，醉后难保就不守礼法。何薳（1077—1145）《春渚纪闻》卷六，记《牛酒帖》：

> 先生在东坡，每有胜集，酒后戏书，以娱坐客，见于传录者多矣。独毕少董所藏一帖，醉墨澜翻，而语特有味。云："今日与数客饮酒，而纯臣适至，秋熟未已而酒白色，此何等酒也？入腹无赃，任见大王。既与纯臣饮，无以侑酒。西邻耕牛适病足，乃以为炙。饮既醉，遂从东坡之东直出，至春草亭而归，时已三鼓矣。"所谓春草亭，乃在郡城之外，是与客饮酒，私杀耕牛，醉酒逾城，犯夜而归。又不知纯臣者是何人，岂亦应不当与往还人也？

私杀耕牛、醉酒逾城、犯夜而归，已经不是吃不吃素、杀不杀生的自我规范，而是违法犯禁的问题，苏轼居然毫不在乎，目无法纪，猖狂放肆，所以，吃素不杀生，也不是不可逾越的禁令了。

程颐看苏轼极不顺眼，批评苏轼在黄州"放肆"，在《朱子语类》卷一百三十有所记载："苏、程之学，二家时自相排斥，苏氏以程氏为奸，程氏以苏氏为纵横。……《遗书·贤良》一段，继之以得意、不得意之说，却恐是说他（指苏轼）。坡公在黄州，猖狂放恣，不得志之说，恐指此而言。道夫问：坡公苦与伊洛相排，不知何故？曰：他好放肆，端人正士以礼自持，却恐他来检点，故恁诋訾。"程颐是一本正经的理学家，是伦理道德的守护者，经常要求别人"以礼自持"，否则动辄得咎，自然讨厌苏轼的任性行径。苏轼性格豁达诙谐，则觉得程颐整天端着架子，满口仁义道德，实在迂腐可笑。这种性格与道德标准的差异，造成了后来元祐朝的党同伐异与排挤倾轧。程颐的门人弟子如朱光庭与贾易，就想方设法告讦苏轼，让他在朝廷立不住脚。

苏轼贬谪黄州期间，一开始心有余悸，过了一段时间，显得比较放恣，有时破戒吃肉，却还存有不杀生之念，并非总是阳奉阴违，鼓励别人杀生。在黄州期间，他曾多次劝过挚友陈慥（季常）不要杀生，似乎还影响了陈慥周边的人。他为陈慥写《岐亭五首》，在序中提到陈慥盛情接待，他怕老友为他杀生：

余久不杀，恐季常之为余杀也，则以前韵作诗，为杀戒以遗季常。季常自尔不复杀，而岐亭之人多化之，有不食肉者。

第二首诗说道：

我哀篮中蛤，闭口护残汁。
又哀网中鱼，开口吐微湿。
刳肠彼交病，过分我何得。
相逢未寒温，相劝此最急。

他在黄州期间，与陈慥交往最密切，戒杀的忠言影响了好友，自己也感到篮中蚌蛤与网中鱼虾都很可怜，应该是尽量吃素，不太杀生的。他还举唐代卢怀慎与晋代王武子为例，说前者以素斋招待朋友，十分简朴，得以长寿，而后者杀生宴请，以人乳喂养乳猪蒸食，短命而死，讲了一些吃素与饕餮美食的因果报应，可见苏轼心底还是觉得不杀生为善。他在黄州偶尔破戒，大概还是抵挡不住美食的诱惑。

苏轼在黄州困居了四年之后，于1084年三月受诏量移汝州，得到皇帝的恩准，结束了黄州贬谪的生涯。他一路顺长江而下，经过庐山，写了充满多元哲思的《题西林壁》一诗：

> 横看成岭侧成峰，远近高低各不同。
>
> 不识庐山真面目，只缘身在此山中。

显示了人生在世，境遇不同，体会的人生意义也有所不同，甚至看不透自身的面目。到金陵，拜访已经退居蒋山的王安石，两人相对莫逆，居然商议是否在金陵买地，真是"度尽劫波兄弟在，相逢一笑泯恩仇"，想跟过去的政敌当邻居了。他在金陵大概享用了不少珍馐，还特别写了《戏作鮰鱼一绝》，回味长江鮰鱼的美味，不亚于江中的石首鱼与河豚："粉红石首仍无骨，雪白河豚不药人。寄语天公与河伯，何妨乞与水精鳞。"苏轼历劫归来，在江南访亲会友，流连太湖一带的风光与美食，因好友滕元发担任湖州太守，便与他商量在常州宜兴一带买地，以为定居之所，并向朝廷恳请赐准。他在元祐朝调回汴京，飞黄腾达，一直想着江南令人陶醉的风味，欣赏惠崇和尚画的春江美景，不禁想到太湖一带的时令美味："竹外桃花三两枝，春江水暖鸭先知。蒌蒿满地芦芽短，正是河豚欲上时。"

苏轼调回汴京之前，还奉诏担任了五天的登州太守，到了盛产鲍鱼的登莱海边，写了《鳆鱼行》一诗。在诗中他自己加了注，说王莽与曹操都喜欢吃鲍鱼，又说，南北朝时期南北隔绝，南方吃不到鲍鱼，一枚可值千金。他到山东登州（今蓬莱），见到盛产鲍鱼的驼碁岛（今山东长岛县北砣矶岛），渔户用长铲从岩壁上采下鲍鱼，以供权贵人家享用：

膳夫善治荐华堂，坐令雕俎生辉光。

肉芝石耳不足数，醋芼鱼皮真倚墙。

中都贵人珍此味，糟浥油藏能远致。

割肥方厌万钱厨，决眦可醒千日醉。

三韩使者金鼎来，方丈馈送烦舆台。

辽东太守远自献，临淄掾吏谁为材。

鲍鱼又称石决明，有明目之效，在南方十分珍贵，也是京

185

城显贵钟爱的奢侈海产。不要说肉芝石耳不能比，醋泡的鱼皮
也只能靠边站，无法比拟。他这一趟登州之行，虽然只做了五
天太守，却得享成斛的鲍鱼：

吾生东归收一斛，苞苴未肯钻华屋。

分送羹材作眼明，却取细书防老读。

他说自己不学那些钻营之人，以鲍鱼贿赂权贵，而要分
送给好友，还写了封信给滕元发，提到"鳆鱼三百枚，聊为土
物"。

在元祐年间，苏轼的官运相当红火，在汴京升任翰林学士，
还兼制诰与侍读学士。在这期间，他接受过扬州友人杜介馈赠
的赪尾鱼（鲂鱼），让妻子"起斫银丝鲙"下酒，朦朦胧胧感
到回到了江南，浮现了"松江烟雨晚疏疏"。另有东平友人吕
行甫送了珍美的子鱼给他，让他十分高兴，写了《走笔谢吕行
甫惠子鱼》：

卧沙细肋吾方厌，通印长鱼谁肯分。

好事东平贵公子，贵人不与与苏君。

批注苏诗的冯应榴指出，卧沙是比鲫鱼小的吹沙鱼，肋鱼是体型较小的鲥鱼，都是美味的水产，通印长鱼就是王安石说的福建长鱼，多子美味，体型大者是权贵的禁脔。可见，苏轼当了翰林学士之后，不再侈言吃素，山珍海味都尽情享用了。

苏轼命途多舛，好日子没过几年，又卷入朝廷的政治斗争，终于接连遭贬，一路流放到岭南惠州与海南岛。他在惠州的时候，显然没有断杀，不过，一想到吃鸡，就难免回忆起乌台诗狱自己的遭遇，"魂惊汤火命如鸡"。所以他晚年吃鸡，曾写了《荐鸡疏》一文，向上苍表明，虽然他忘不了鸡肉的美味，想要满足口腹之欲，但也会念经忏悔业念，为杀鸡祈求佛祖慈悲，让遭难的鸡只永离汤火之厄，轮回转世，得生人天：

罪莫大于杀命，福莫大于诵经。某以业缘，未忘肉味。加之老病，困此蒿藜。每剪血毛，以资口腹。惧罪修善，施财解冤。爰念世无不杀之鸡，均为一死；法有往生之路，可济三涂。是用每月之中，斋五戒道者庄悟空两日，转经若干卷，救援当月所杀鸡若干只。伏望佛慈，下悯微命，令所杀鸡，永离汤火，得生人天。

南宋葛立方《韵语阳秋》卷十七说："东坡在海南，为杀鸡而作疏。"晚明袁中道《珂雪斋集》亦记此疏，以为是在惠州所作："东坡学佛，而口馋不能戒肉。至惠州，尤终日杀鸡。既甘其味，又虞致罪，故每日转两轮经，救当月所杀鸡命。其疏云'世无不杀之鸡，均为一死'，尤可笑。世虽无不杀之鸡，何必杀自我出？"袁中道显然是读了苏东坡的文章，感到东坡既要吃鸡，又想解除罪愆，诵经救赎，极其可笑。在《苏轼文集》中，此文列在《惠州荐朝云疏》之后，可能是在惠州之作，但袁中道读书并不仔细，东坡原文是每月斋五戒道者两日，转经若干卷，他却误读成"每日转两轮经"。且不管古人读书仔细不仔细，东坡此文"尤可笑"之处，是"爱念世无不杀之鸡，均为一死；法有往生之路，可济三涂"。既想吃鸡，必须杀生，又想着好生之德，念经超度。东坡居士面临的尴尬局面，居然是以愚夫愚妇烧香拜佛的方式，自我哄骗来解决，也不知道这算不算豁达人生的处世之道。不过，他也写过《僧自欺》一文，是有自知之明的。

苏东坡在惠州，不但写了令人啼笑皆非的《荐鸡疏》，还写了一篇《食鸡卵说》，也涉及了杀生作孽的问题。先是探讨杀生的理论问题，说"水族痴暗，人轻杀之。或云，不能偿冤。

是乃欺善怕恶。杀之，其不仁甚于杀能偿冤者"。讲的是生物物种有高低等级，水产较低等愚笨，受人轻视，有人觉得杀了也不会遭到报应，其实不该如此，因为这种态度是欺善怕恶。欺负低等愚笨的生物，是欺负弱者，比杀了能够报应偿冤的物种，还要坏，更没有仁人之心。然后他说到，好友李公择告诉他，没有受过精的鸡蛋不算生物，吃了不算杀生。东坡说，他不赞成这个说法，认为"凡能动者，皆佛子也。……而谓水族鸡卵可杀乎？但吾起一杀念，则地狱已具，不在其能诉与不能诉也"。他在理论上完全站在佛家慈悲的立场，反对一切杀生行为，但在实际上又做不到，感到十分惭愧，只能向佛忏悔，不再开戒："吾久戒杀，到惠州，忽破戒，数食蛤蟹。自今日忏悔，复修前戒。今日从者买一鲤鱼，长尺有咫，虽困，尚能微动，乃置之水瓮中，须其死而食，生即赦之。聊记其事，以为一笑。"他坚持只吃"自死肉"的原则，自己也觉得好笑。

苏轼在惠州写信给弟弟苏辙，说到惠州吃羊不容易：

惠州市井寥落，然犹日杀一羊，不敢与仕者争买，时嘱屠者买其脊骨耳。骨间亦有微肉，熟煮热漉出（不乘热出，

则抱水不干）。渍酒中，点薄盐炙微燋食之。终日抉剔，得
铢两于肯綮之间，意甚喜之。如食蟹螯，率数日辄一食，甚
觉有补。子由三年食堂庖，所食刍豢，没齿而不得骨，岂复
知此味乎？戏书此纸遗之，虽戏语，实可施用也。然此说行，
则众狗不悦矣。（《苏轼文集》卷六十）

东坡在此说到的羊脊骨，也就是今天脍炙人口的羊蝎子，
他和弟弟打趣，说剜剔脊骨的碎肉，像是剔出螯间的蟹肉一样，
虽然只得铢两，但乐趣无穷。他告诉弟弟，这个吃剔骨肉的方
法可行，但不能广为流传，否则狗子就不高兴了。最后一句，
当然是隐含了他想骂的狗辈。

东坡贬谪到海南岛时，弟弟苏辙也贬到雷州半岛，听说弟
弟身体消瘦，他写了《闻子由瘦》，自注"儋耳至难得肉食"，
显然是满心想着吃肉。诗的前半段是这么写的，吐露了吃货的
心声：

五日一见花猪肉，十日一遇黄鸡粥。

土人顿顿食薯芋，荐以熏鼠烧蝙蝠。

旧闻蜜唧尝呕吐，稍近虾蟆缘习俗。

猪肉与鸡肉难得，只好迁就当地习俗，吃一些野味如熏鼠、蝙蝠、虾蟆等等。他还感慨，没东西好吃的时候，只能将就了："人言天下无正味，蝍蛆未遽贤麋鹿。"研究饮食史的逯耀东推测，"熏鼠"可能是果子狸；而"蜜唧"是刚出胎、通耳赤蠕的小鼠仔，因为以蜜饲养，临吃时还蹑蹑爬行，用筷子夹起来，咬下去唧唧作响，所以这道菜叫"蜜唧"。其实，熏鼠不是果子狸，是以田鼠熏制的腊味，迄今还流行在岭南地区；而蜜唧是初生鼠仔没错，却不是以蜜饲养，而是蘸着蜜吞食的。

苏东坡在海南面临的处境极其恶劣，朝中政敌对他的迫害也变本加厉，好在他天性有豁达诙谐的一面，甚至以自嘲作为精神解脱之法。杀生不杀生，已经不是生存考虑的问题，首要的生存条件是有的吃，有什么吃什么。没有猪肉吃薯蓣，没有鸡肉吃熏鼠。蝙蝠、蛤蟆、蜜唧、蛆虫，不但可吃，还可入诗，也真令人佩服东坡的幽默与大度。他在海南儋州最后的时光，写过《食蚝》一文："己卯（1099）冬至前二日，海蛮献蚝。剖之，得数升，肉与浆入水，与酒并煮，食之甚美，未始有也。又取其大者炙熟，正尔啖嚼，又益（于）煮者。海国食口蟹口螺八足鱼，岂有献口。每戒过子慎勿说，恐北方君子闻之，争欲为东坡所为，求谪海南，分我此美也！"（见《大观录》卷五，

191

文字有残缺；《苏轼文集》收入《佚文汇编》卷六）美味的鲜蚝，与肉和浆水加酒同煮，是鲜美的蚝仔粥；硕大的鲜蚝，烧烤而食，味道更胜于煮蚝。苏轼吃得高兴，大为感慨，海南居然有如此珍味海鲜，而且还有螃蟹、螺丝、八爪鱼，是朝廷显贵吃不到的。不禁自嘲起来，说自己经常告诫儿子苏过，千万不要告诉别人此处海鲜之美，否则那些北方的高官听到了，人人都争求贬谪到海南，抢着分吃我的美味。虽然是带着苦涩的笑话，但满足了口腹之欲，还能戏弄一下当权者，可算是宋朝的"精神胜利法"。

苏轼贪吃又会吃，曾经写过《老饕赋》，描述美食给他带来的愉悦。前半段可以看出他真是懂得吃："庖丁鼓刀，易牙烹熬。水欲新而釜欲洁，火恶陈（江右久不改火，火色皆青。）而薪恶劳。九蒸暴而日燥，百上下而汤鏖。尝项上之一脔，嚼霜前之两螯。烂樱珠之煎蜜，潋杏酪之蒸羔。蛤半熟而含酒，蟹微生而带糟。盖聚物之夭美，以养吾之老饕。"后半段则写宴饮的场合，要有美女弹琴，仙姬歌舞，用南海的玻璃杯盛西域的葡萄酒，酒足饭饱之后，还要煮茗逃禅，欣赏沫饽乳花浮现于建窑兔毫茶盏。苏轼所列的菜肴，可以视为名菜的食谱：猪肉要尝猪颈肉，螃蟹要吃霜降之前的肥螯，樱桃要蜜渍，蒸羊羔要用杏酪，蚌壳要半熟含酒，螃蟹要半生糟腌的炝蟹，鲜腴美味，才能满足东坡先生这位老饕。

《曲洧旧闻》卷五记载，苏东坡在海南：

> 与客论食次，取纸一幅，书以示客云：烂蒸同州羊羔，灌以杏酪，以匕不以箸；南都麦心面，作槐芽温淘，糁以襄邑抹猪，炊共城香粳，荐以蒸子鹅；吴兴庖人斫松江鲙。既饱，以庐山康王谷帘泉，烹曾坑斗品茶。少焉，解衣仰卧，使人诵东坡先生《赤壁前后赋》，亦足以一笑也。东坡在儋耳，独有二赋而已。（亦见于《稗海》本《东坡志林》卷八）

另有说指出，这是黄庭坚的说法（见赵令畤《侯鲭录》），因为文章中提到"使人诵东坡先生《赤壁前后赋》"，苏轼自己不会这么说的。其实是误会了，东坡先生时常自称东坡先生，有时则说自己是东坡居士，一点都不奇怪。何况结尾说到，"东坡在儋耳，独有二赋而已"，也就是上述的珍馐美味，贬谪海南，可望而不可即，只好自己吟诵前后《赤壁赋》，说说清风明月，是造物者之无尽藏。

苏轼一生随遇而安，颇有五柳先生"衔觞赋诗，以乐其志"

的遗风，对吃素这个问题，已经进入塑造公案的禅悦境界，在"不求甚解"之中自我调侃而沉醉。他的《禅戏颂》说："已熟之肉，无复活理。投在东坡无碍羹釜中，有何不可？问天下禅和子，且道是肉是素，吃得是吃不得是？大奇大奇，一碗羹，勘破天下禅和子。"

苏轼经历了乌台诗狱，曾向宋神宗发誓，感谢不杀之恩，要终生吃素，遵守诺言了吗？答案是，没有。他嘴馋，又不想违背诺言，就想出"不杀生"这一招，君子远庖厨，只吃已死动物的肉，在精神上也算达到吃素的目的。吃了鸡鸭鱼肉，心里感到惴惴不安，就念经超度，却断不了俗念，只好自嘲，还上升到禅悟的境界，未免令禅和子失笑，难怪会出现佛印禅师"八风吹不动，一屁过江来"的传说。苏轼吃素不杀生的经历，也真令人感慨系之。

定惠院书迹

　　苏轼的书法是中华文化的瑰宝，丰腴多姿，爽朗靓丽，赞颂者多，研究讨论的也多。大体而言，是年轻时学王羲之《兰亭序》一脉，俊秀英挺之中有姿媚之态，中年以后学颜真卿，笔力圆润丰厚，沉稳流畅，出现独特的个人艺术风格。

　　苏轼中年以后，因为批评王安石新政，在朝廷政治漩涡中受到排挤，外放为官，担任过杭州通判、密州知州、徐州知州、湖州知州等官职。他在元丰二年（1079）担任湖州太守，上任后照例谢恩，写了《湖州谢上表》，没想到惹出"乌台诗狱"那一场大祸，在御史台狱中关了一百三十天，到除夕之前才幸免杀头之灾，贬到黄州，挂名水部员外郎充黄州团练副使，不准参与公务，就是变相软禁，让地方官看管起来，不许他乱说乱动。那么，他中年之后发展出的独特风格，与他贬谪黄州的沧桑岁月，是否相关呢？颠沛流离的流放与困蹇局促的生活，是否影响了他书艺发展的方向，提升了他独特的艺术风格，以至于黄庭坚佩服得五体投地，说他"独近颜、杨气骨"，是宋代善书的第一人呢？更值得我们思考的，是个普遍性的审美难题：艺术风格的展现与艺术家的人品与经历，是否有着紧密相连的关系呢？假如有，是怎么具体展现的呢？涉及书法，中国的老话说，"字如其人""见字如面"，那么，苏轼贬谪到黄州的痛苦经历，是否在他书法中得到升华，成就他独特的艺术风格呢？

一

苏轼在风雪交加的严冬，从汴京出发，长途跋涉了一个月，赶往黄州贬地。元丰三年（1080）正月二十日，进入黄州境内麻城县的岐亭，在翻越当地春风岭的关山路上，看到飞雪中的的梅花，迎春绽放，的皪鲜明，不禁写了《梅花二首》：

春来幽谷水潺潺，的皪梅花草棘间。

一夜东风吹石裂，半随飞雪渡关山。

何人把酒慰深幽，开自无聊落更愁。

幸有清溪三百曲，不辞相送到黄州。

这两首诗咏物而抒情，写出了苏轼的贬谪心境，在悲苦之中还盼望着生命的春天，颇有深意。第一首是即景生情，写风雪未歇之际，在岐亭春风岭的关山道上，看到山路边上杂草荆棘丛生，却有梅花迎着飞雪绽放，的皪光鲜，明艳欲滴。在这严冬飞雪之际，苏轼以罪人之身，走在崎岖的山路上，寒风凛冽，呼啸过冻裂的山岩之间，此情此景，看在眼里，倍感颠沛流离，实在是无比凄凉。第二首写的是时令已经过了雨水节气，大化轮转，幽谷中溪水潺潺，春天的信息悄悄传来，梅花在丛芜中绽放，让诗人感到大自然的生命正在复苏，也使得愁绪满怀的苏轼虽然身陷困顿，远离庙堂，沦落江湖，但是生命还会继续，清溪潺潺，飘送着落花，让他感受突如其来的欢愉，也陪伴着他的贬谪之身，一路护送到黄州。

天津市艺术博物馆藏有宋拓《西楼书帖》，其中的《梅花诗帖》就是《梅花二首》的第一首（见《梅花诗帖》插图）第一句有一个字不同，是"春来空谷水潺潺"。这幅字作于元丰三年二月十日酒后，是刚到黄州，寓居定惠院之时，距关山幽谷遇见梅花的二十天后。全帖共六行，二十八字，是比较少见的东坡大草，一开始还有行书的味道，逐渐由行入草，也就是苏轼自己形容的"能行立而能走"，而且字体开始放大，不受体型的拘束。到了第三行，字体奔放起来，不只是"能走"，简直开始飞奔了，六个字像不受羁绊的野马，想要腾跃出预设的行间。最值得注意的是，写到行底的"吹"字，余下的空间已经不够，于是出现了黄庭坚所谓"石压蛤蟆"的尴尬情况，好像孙悟空给压在五指山下，连气都喘不过来，不要说"吹"了，根本就是在憋气。于是，到了下一行，我们就看到东坡笔锋一挥，呼出一口大气，吹得"乱石崩云"。完全不管行距，也不管字体大小，从原先六个字一行，变成四个字一行，而且龙飞凤翥，海阔凭鱼跃，天高任鸟飞。从第四行底的"随"到第五行的"飞"字，我们可以感受到苏轼终于释放了胸怀，摆脱了监禁三个多月牢狱之灾的郁闷，可以让自己的艺术心灵飞上青天了。从第五行的"飞"字开始，一发不可收拾，从三个字一行，到最后"关山"两个字末行结尾，真是大开大阖，全然不顾书写的金科玉律，任凭胸中的浩然之气喷薄而出。可以看出，《梅花诗帖》的书法，与《梅花二首》的诗情是完全一致的，显示了苏轼在颠沛流离之中，从悲苦困顿的压抑心情突围而出。冬天的冰雪总会消融，春暖花开是天道循环，早早晚晚有云开雾散的时候，笔墨也随着诗情翱翔，伴随着潺潺清流，一路护送到黄州。

我们可以注意一下《梅花诗帖》的通篇结构，一共六行，第一行七个字，第二行、第三行各六个字，第四行四个字，第五行三个字，第六行两个字。七、六、六、四、三、二，完全没有固定的规范，真如东坡自己说的，"大略如行云流水，初无定质，但常行于所当行，常止于所不可不止，文理自然，姿态横生"。这绝对不是预先安排好的布局，而是下笔之后，随兴而行，一鼓作气，势如牛群在大草原上奔腾，挡者披靡。由此我们也可以知道，为什么黄庭坚会说"怒猊抉石，渴骥奔泉"这样的比方，徐浩是不配的，只有东坡可以当之无愧。这与苏轼称赞他表哥文同画竹"胸有成竹"，是一个道理，艺术家的人品与心境决定艺术作品的境界。当艺术家的内心世界自我完足，不为外物牵扯，"泰山崩于前而色不变，麋鹿兴于左而目不瞬"（苏洵《权书·心术》语），艺术展现的境界与艺术家内心的境界相配合，艺术品才能展示惊心动魄的魅力，这才是苏轼与黄庭坚相信"字如其人"的体会，而非俗滥的道德人格阐述。

二

苏轼在风雪中长途跋涉，心境必定有过起伏。他路过陈州，见到去年逝世的文同的儿子，即将扶柩归丧四川，感慨万千，写下这样的诗句："君已思归梦巴峡，我能未到说黄州。此身聚散何穷已，未忍悲歌学楚囚。"想到教他画竹的表哥文同，曾经在他之前担任湖州太守，居然奄忽已逝，灵柩流落在远离故乡的陈州，还待儿子运回老家。而自己在湖州太守任上，居然受人诬陷，流落到贬谪黄州的下场，人生悲欢聚散实在难料。他在陈州还见到赶来相会的弟弟苏辙，感叹放逐的处境，前途茫茫，恐怕只能流落在齐安（黄州）当个老百姓，永远回不到故乡四川了："此别何足道，大江东西州。畏蛇不下榻，睡足吾无求。便为齐安民，何必归故丘。"苏轼怎会不想回到故乡呢？诗中只是感慨遭到放逐，贬谪上路的情景，侥幸不死，只好逆来顺受，到黄州去当个平头百姓了。当他渡过关山道，写《梅花二首》的时候，心境大有好转，在寒冬中见到了梅花绽放，在诗中显示了春水潺潺的消息，在书写诗帖之际，更流露了压抑的心境终于在笔墨之间得以释放，在艺术想象世界中得以飞翔。

苏轼在二月初到达黄州，处境相当凄凉，除了随行的长子苏迈，全家老小十来口人都没能跟在身边同行，留给了弟弟苏辙照顾。"始谪黄州，举目无亲"（《苏轼文集·尺牍·与徐得之》），一个人孤孤单单，衣食无着，寄寓定惠院僧舍。到第二年开辟了东坡荒地，劳其筋骨，躬耕自食，才算解决了吃饭问题。他初到黄州的三个月，在僧舍中跟着和尚吃斋饭，写了《到黄州谢表》，感谢皇上不杀之恩，指天发誓，说要闭门思过，终生吃素，报答皇恩，"指天誓心，有死无易"。有了上次写《湖州谢上表》口无遮拦，遭人构陷，打入御史台狱中几乎丧命的经验，这封谢表写得规规矩矩。从《到黄州谢表》的书迹［浙江省博物馆藏南宋《姑孰帖》第三（见《到黄州谢表》插图）］来看，通篇文字在真行之间，更偏于老老实实的楷书，表示自己的循规蹈矩。

与同时书写的《梅花诗帖》相比，特别醒目的差别，是在行距的工整，绝对没有一丝僭越的意图，也不留给佞幸小人诬陷的口实。仔细看帖中写"臣"字与"轼"字，笔画或偏侧或缩小，真是"诚惶诚恐"，唯恐触怒龙颜。但是，整体而言，仍是一气呵成，表明心迹，绝对不让人感到嗫嗫嚅嚅，扭捏作态。元代袁桷《清容居士集》卷四十六，有篇《跋东坡黄州谢表》说："昌黎公《潮州谢表》，识者谓不免有哀矜悔艾之意。坡翁《黄州谢表》，悔而不屈，哀而不怨，过于昌黎远矣。"拿韩愈遭贬潮州写的谢表与苏轼谢表相比，认为苏轼的气骨比韩愈要高上一筹，缘由是苏轼"悔而不屈，哀而不怨"。我们看苏轼《到黄州谢表》的书迹，就会感到笔墨的从容，即使是向皇帝发誓要闭门思过，书迹也和谢表的文章一样，在循例谢恩之际，不减笔墨的淡定圆融，绝无奴颜婢膝的谄媚之态。苏轼的人品与艺品是自我完足的，不会媚俗，也不向至尊权威摇尾乞怜。

苏轼抵达黄州上谢表的时候，寓居定惠院，还写了《初到黄州》一诗，充满了自嘲，语气却十分欢快，好像下放到黄州也挺好："自笑平生为口忙，老来事业转荒唐。长江绕郭知鱼美，好竹连山觉笋香。"一开头说的"为口忙"，寓意双关，先说的是口无遮拦，惹上朝中小人的嫉恨，坐了牢房，还差点杀头，最后贬谪黄州，真是老来荒唐一场。再来语锋一转，说起黄州地方富饶，"长江绕郭知鱼美，好竹连山觉笋香"，"口忙"成了口福。咦，不是在谢表里说"惟当蔬食没齿，杜门思愆"，而且"指天誓心，有死无易"，以报答朝廷吗？怎么垂涎起黄州的鱼好，想吃了呢？这里我们又见到苏轼自我意识完足，随遇而安的心境，谢恩是官家规矩，吃鱼吃肉是生活，想得豁达一点，既然已经褫夺了一切公务职权，官家也就管不了"无业游民"，两者并不冲突的。

三

苏轼在定惠院借住了三个月，写了好几首诗，还创作了一阕著名的《卜算子》（缺月挂疏桐），展露他心境的变化，逐渐调适了忐忑起伏的心情波动，接受了离世幽居的生活环境，沉静下来，思考前途茫茫的人生意义，希望自己不至于虚掷往后的生命。在这些诗作中，《定惠院寓居月夜偶出》二首与《寓居定惠院之东，杂花满山，有海棠一株，土人不知贵也》有书迹传世。苏轼在定惠院写的诗，或许因为婉转展示了他深沉的心迹，蕴藏着生命探索与自我定位的沉潜思考，自己十分珍惜，重复书写过很多次，不知是否还有真迹存在天壤之间？幸好传为《寓居月夜偶出》的初稿（有专家认为是明清勾摹本）现藏北京故宫博物院，在民国期间曾有珂罗版印本，而《海棠诗帖》（即《寓居定惠院之东，杂花满山，有海棠一株，土人不知贵也》及《次韵前篇》）则有一卷真迹流入日本，曾经呈献给天皇御览，在文久二年（1862）刻石，拓本现藏早稻田大学图书馆。

《定惠院寓居月夜偶出》及《次韵前篇》两首诗，见于《苏轼诗集》卷二十，是为刊印的定稿。北京故宫所藏的诗稿，纵30厘米，横23.8厘米，凡12行，255字，可能是明清之际勾勒摹写而成，展示原迹的面貌，纤细入微。2020年夏，故宫博物院展出《千古风流人物：故宫博物院藏苏轼主题书画特展》，展品第21项即是此件诗稿（见《定惠院寓居诗稿》插图），其后还有翁方纲的长跋。对比刊印定本，草稿上有许多删改痕迹，又有缺失部分，以下简单列出两种版本的对照：

> 幽人无事不出门，偶逐东风转良夜。参差玉宇（草稿下失"飞木末，缭绕香"）烟来月下。江云有态清（草稿失"自媚"），竹露无声浩如（下失"泻。已惊弱柳万"）丝垂，尚有残梅一枝亚。清诗独吟还自和，白酒已尽谁能借。不惜

（草稿改为"词"）青春忽忽过，但恐欢意年年谢。自知醉耳爱松风，会拣霜林结茅舍。浮浮大甑长炊玉，溜溜小槽如压蔗。饮中真味老更浓，醉里狂言醒可怕。但当谢客对妻子，倒冠落佩从嘲骂。

去年花落在徐州，对月酣歌美清夜。今年黄州见花发，小院闭门风露下。万事如花不可期，余年似酒那禁泻。忆昔还乡溯巴峡，落帆樊（草稿作"武"）口高桅亚。长江衮衮空自流（草稿作"流不尽"），白发纷纷宁少借。竟无五亩继沮溺，空有千篇凌鲍谢。至今归计负云山，未免孤衾眠客舍。少年辛苦真食蓼，老境清闲如啖蔗。饥寒未至且安居，忧患已空犹梦怕。（下失"穿花踏月饮村酒，免使醉归官长骂"）

这幅涂改满纸的诗稿，乾隆时期仍然流传在书画名流之间。翁方纲（1733—1818）《复初斋文集》卷二十九《跋东坡诗稿二首》说："东坡《定惠院寓居月夜偶出》二诗草稿，纸本，高九寸，横七寸，行草书十一行半，首二行之下半蚀去数字，第二首无末二句，盖当时脱稿未完之本也。"翁方纲《苏诗补注》卷四，说得更详细：

　　方纲尝见此诗初脱稿纸本真迹（即此帖），在富春董蔗林侍郎诰家。前篇"不辞青春"二句，原在"一枝亚"之下；"清诗独酌"二句，原在"年年谢"之下。以墨笔钩转，改从今本也。"江云抱岭"涂二字，改"有态"。"不惜青春"，涂"惜"改"词"。后篇"十五年前真一梦"句，全涂去，改云"忆昔还乡溯巴峡"。"长桄亚""长"字未涂，旁写"高"字。"白发纷纷莫吾借"涂二字，改"宁少"。"自怜老境更贪生"一句，全涂去，改云"至今归计负云山"。"老境向闲如食蔗"，"向"字涂去，改"安"字，又涂去，改"清"字；"食"字不涂，旁改"啖"字。"幽居□□已心甘"句，全涂去，改云"饥寒未至且安居"。"往事已空"，涂二字，改"忧患"。其与今本异者，次篇"落帆樊口"作"武口"，"长江衮衮空自流"，作"长江衮衮流不尽"。

　　翁方纲论述此诗稿，考订翔实，不仅罗列草稿与刊行定本的差异，还指出宋代刊印《东坡集》的施元之注提到："此诗墨迹在临川黄揲家，尝刻于婺女倅厅。"从版本对照考证，认为临川黄揲家藏的墨迹已经不是此草稿，可能是东坡的定稿。从理解苏轼作诗的创作过程而言，草稿墨迹提供了最珍贵的文物数据，让我们看到他如何斟酌字句，如何审慎选字措辞。虽然写诗可以一挥而就，但成诗之后还得细加琢磨，反复推敲，才成定稿，书写墨迹示人。因此，这份草稿得以保存，真是弥足珍贵，也是翁方纲所说的"尤见诗法"。他还特别写了《观董蔗林少宰所藏苏文忠定惠院月夜偶出二诗草墨迹》一诗，感叹苏轼在黄州写诗的创作豪情："……黄州是时居甫谪，海棠尚迟枝头亚，豪情一入道眼观，醒客翻将醉语借。浑忘八法体敧正，那计三春艳开谢。如此笔墨真观化，几年簏楮堆僧舍。……"（翁方纲《复初斋诗集》卷十四）

翁方纲考订精审，让启功万分佩服，在1942年审订《雍睦堂法书》，其中收有《定惠院寓居诗稿》，就以翁方纲的考订为据，由北京琉璃厂豹文斋南纸店珂罗版精印，也就是今天大多数人看到的影印版本。启功完全赞同翁方纲的判断："《诗稿》真迹，与集本异同。翁覃溪《复初斋集》曾详考之。谛玩勾乙处，可悟诗法。书亦天真烂漫，颜鲁公《争坐稿》不能专美于前。标题《东坡诗稿》四字，后人所加。"启功在此特别提到颜真卿的《争座位帖》，一来是赞美苏轼书法超轶绝伦，二来也是明白标示苏轼书法承继颜真卿风格，连拟写草稿之时，在不假思索的书写状态之下，都可以看出苏轼延续了颜真卿书法的血胤。苏轼对《争座位帖》十分倾倒，在《东坡题跋·题鲁公书草》明确说过："比公他书尤为奇特，信乎自然，动有姿态。"或许也曾多次临写，现在还存有传为他元祐六年（1091）的临帖拓本。我们仔细对照《定惠院寓居诗稿》与《争座位帖》，就会发现，风格的确相近，不过，苏轼的草稿更为纷乱潦草，其中可能反映了苏轼心境的游离失所与忐忑不安。

苏轼写这两首诗之时，罪遣黄州，不知道会面临什么样的困境，于二月初一日抵达黄州报到之后，形单影只，寄居定惠院，心情之落寞可想而知。以罪人之身寄寓在庙里，心有余悸，不敢随意外出。《定惠院寓居月夜偶出》一开头就说，"幽人无事不出门，偶逐东风转良夜"，这里"幽人"一词用得很恰确，有幽居世外不问世事、幽禁封闭不准社交、幽寂愁苦难以遣怀的多重含义，偶尔趁着春风吹拂，夜晚无人的时候，到外头走动走动。已是早春柳丝抽芽的时候，仍有一枝残梅挂在树梢，像他一样在风中飘零。独自吟诗也只能自己和韵，借酒消愁也没人陪伴，想到自己醉后吐真言，醒来就害怕，只好辞退宾客回到家中面对妻子，任凭嘲骂。

第二首诗回忆年轻时的经历，辛苦奋斗，为经世济民而努力，谁知世事难料，如落花，如流水，到老来连家乡都回不得，

"未免孤衾眠客舍"。从诗稿的书迹来看，苏轼这两首诗，愈写心情愈复杂，遣词用字也愈来愈谨慎，甚至有点紧张，涂改也愈多。写到自己空有文章可以媲美古代的文豪，却连五亩的田园都没有。下一句原来是"自怜老境更贪生"，显示心情的悲愤与无奈，想想不好，全部涂去，改成比较平淡的"至今归计负云山"。写"少年辛苦真食蓼，老境清闲如啖蔗"之时，感慨万千，原来写的是"老境向闲如食蔗"，他先把"向"字涂掉，改成"安"字，又涂去，改成"清"字，"食"字改成"啖"字，就变成"老境清闲如啖蔗"，故作潇洒悠闲。再下一句"幽居□□已心甘"，涂改得一塌糊涂，而且来回改了几遍。他原来写的是甘心幽居，是"幽居斋味"，还是幽居什么，我们已经无法猜测了，只能看到他把"已心甘"先改成"缘身安"，后来又觉得不妥，整句全改，最后写下"饥寒未至且安居"。诗稿原帖未完，刊印的定稿版本还有两句："穿花踏月饮村酒，免使醉归官长骂"，呼应了前一首的挨妻子嘲骂。

《定惠院寓居诗稿》让我们看到了苏轼书法很不同的面貌，笔迹仓促潦草，而且通篇密布涂乙，满是墨丁与删改的痕迹，看得人心惊肉跳，目瞪口呆。据故宫专家说，诗稿或许是明清时期的摹本，是按照真迹勾勒摹写的，但无论如何，可以确定的是，苏轼诗稿的原迹面貌必定如此，也就反映了苏轼作诗的构思情态，从最初写下诗句之际，边写边改的创作过程。从这个角度来看，苏轼潦草的字迹也非常耐看，真所谓"粗服乱头，不掩国色"。

写诗的人应该知道，有时走在路上或是躺在床上，灵感突然来了，一首诗就砸在头上，可以一气呵成，基本成篇。但是，要记下脑中浮现的意象及精彩的诗句，赶紧到处找笔，手就忙不过来了。书写得再快，还是觉得有些美丽的词句，甚至刚才还鲜明如画的意象，已经像轻烟一般，消逝于想象世界的缥缈灵山，再也寻觅不回。我们假设苏轼不是凡人，是天上文曲星下凡，基本能记得住灵感砸下来的诗篇，但还是会修改词句，以成定稿。从这两首诗的诗题《定惠院寓居月夜偶出》及《次韵前篇》，就可知道，苏轼借住在定惠院僧舍，夜里出去散步，心里感慨自己遭贬到黄州，一个人形单影只，借住和尚庙里，只能夜里出外散散心。偶出之际，灵感突如其来，回到住处，赶紧写下触动自己内心的一首诗。写了一首，尚未尽意，接着前韵写了主题相连的第二首诗篇。你说，他原诗的草稿，笔迹能不潦草吗？这次展出的诗稿，即使不是苏轼亲笔写下的真迹，而是明清时期的摹本，我们至少看到了苏轼写诗的过程，看到苏轼创作的心理状态，看到原诗从草稿到定本的修订痕迹。翁方纲指出，诗帖原稿在遣词用字的斟酌上，阐明了苏轼写诗的心理状态，仍然心有余悸。这就让我们体会，人生态度豁达自在的苏轼，也有人生艰难的处境。

何薳（1077—1145）《春渚纪闻》卷七，有"作文不惮屡改"一条，说到苏轼诗稿有涂改的情况：

> 自昔词人琢磨之苦，至有一字穷岁月，十年成一赋者。白乐天诗词，疑皆冲口而成，及见今人所藏遗稿，涂窜甚多。欧阳文忠公作文既毕，贴之墙壁，坐卧观之，改正尽善，方出以示人。薳尝于文忠公诸孙望之处，得东坡先生数诗稿，其和欧阳叔弼诗云"渊明为小邑"，继圈去"为"字，改作"求"字，又连涂"小邑"二字，作"县令"字，凡三改乃成今句。（凡三改乃成今句"三"，津逮本作"二"。）至"胡椒铢两多，安用八百斛"，初云"胡椒亦安用，乃贮八百斛"，若如初语，未免后人疵议。又知虽大手笔，不以一时笔快为定，而惮于屡改也。

何薳指出的情况是，他曾在欧阳修孙辈处见过苏轼的诗稿，其中有《欧阳叔弼见访诵陶渊明事叹其绝识叔弼既去感慨不已而赋此诗》一诗，开头"渊明求县令，本缘食不足"，第一句涂改过两次，当中的"胡椒铢两多，安用八百斛"也有过改动，可见苏轼虽是大手笔，写诗还是会有字句的修订，才成为定稿。以这个例子作为对比，苏轼的《定惠院寓居诗稿》的改动，就不是一两处，而是通篇涂乙删改，显示了作者复杂的心情，在字句斟酌上有点畏首畏尾，心有余悸。

四

苏轼寄住在定惠院，无所事事，只敢在附近走走，还写过《寓居定惠院之东，杂花满山，有海棠一株，土人不知贵也》一诗，后人简称作《海棠诗》：

> 江城地瘴蕃草木，只有名花苦幽独。
> 嫣然一笑竹篱间，桃李漫山总粗俗。
> 也知造物有深意，故遣佳人在空谷。
> 自然富贵出天姿，不待金盘荐华屋。

朱唇得酒晕生脸，翠袖卷纱红映肉。

林深雾暗晓光迟，日暖风轻春睡足。

雨中有泪亦凄怆，月下无人更清淑。

先生食饱无一事，散步逍遥自扪腹。

不问人家与僧舍，拄杖敲门看修竹。

忽逢绝艳照衰朽，叹息无言揩病目。

陋邦何处得此花，无乃好事移西蜀。

寸根千里不易到，衔子飞来定鸿鹄。

天涯流落俱可念，为饮一樽歌此曲。

明朝酒醒还独来，雪落纷纷那忍触。

从诗题可以看出，苏轼在定惠院附近闲步游览，在春天杂花盛开之时，看到一株名贵的海棠，当地土人并不知道珍惜，任其野生野长。他见景生情，想到自己沦落江湖，有如天姿国色的海棠，却遭到朝廷排挤与诬陷，被迫幽居在黄州。应该是老天有什么深意，让绝代佳人生活在没人驻足的幽谷吧？他从草木杂生之中见到名花海棠，有感而写这首诗，显然是感叹自身的遭遇。

从这首诗创作意识的生发来看，诗人在构筑意象与抒发情感之时，脑中浮现了杜甫《佳人》与白居易《琵琶行》的影子，并且借用两诗的比兴寓意，表面上以赋体咏物或陈述他人的遭遇，实际上反映的是自身的际遇。由赋体而比兴，是古人写诗的惯例，表面说的是眼前景物或情事，其实是诉说自己内心的感慨，《楚辞》肇始的"香草美人"建立的就是这样的传统。不论是杜甫写幽谷的绝代佳人，还是白居易写空守江口的琵琶女，真正的诗意都是感喟自身沦落的遭遇，苏轼的这首海棠诗也不例外。

杜甫的《佳人》一诗，作于唐肃宗乾元二年（759）秋季，写的是安史之乱社会动荡，佳人遭到夫婿抛弃，幽居在深山空谷之中，坚贞自守，不改其高贵的品格。此时杜甫正经历朝廷的排挤，被迫辞官，携家带口客居秦州，靠采药挖芋维生。诗开头写的"绝代有佳人，幽居在空谷。自云良家女，零落依草木"，虽然写的是弃妇，假如我们沿用"香草美人"的传统解诗，也可以是杜甫的自况。这首诗的结尾："但见新人笑，那闻旧人哭。在山泉水清，出山泉水浊。侍婢卖珠回，牵萝补茅屋。摘花不插发，采柏动盈掬。天寒翠袖薄，日暮倚修竹。"就可以理解成，朝廷引用新人，把忠心耿耿的杜甫这样的老臣放逐在外。自己虽然遭受排挤与打击，幽居山谷，生活困顿，节衣缩食，变卖细软，却依然固守忠君爱国的信念，显示了高风亮节。最后几句写幽居生活的拮据情况，天寒衣单，翠袖飘摇，在日暮时分倚靠着挺拔的修竹，显示了"时穷节乃见"的风骨。

回头来看看苏轼的海棠诗，说临江的黄州城外草木丛生，"只有名花苦幽独"，当然是以名贵的海棠来比拟贬谪的自己。和杜甫的《佳人》一样，自己的处境虽然困苦，却遗世独立，风骨依旧："嫣然一笑竹篱间，桃李漫山总粗俗。也知造物有深意，故遣佳人在空谷。"海棠花"自然富贵出天姿"，有如我寄住在僧舍，不必盛放在金盘之中来点缀华屋豪宅，同样呈显高贵的风貌。诗人形容海棠美丽的容貌是，"朱唇得酒晕生脸，翠袖卷纱红映肉"，也呼应了苏轼酒醉饭饱，无所事事，在春天午睡之后，闲步林郊，邂逅海棠的惊艳。这样美丽的名花是哪里来的？怎么会沦落到陋邦黄州？哦，一定是鸿鹄衔了我家乡西蜀的种子，流落到此，让我像江州司马感慨琵琶女的遭遇，喟叹"同是天涯沦落人，相逢何必曾相识"！

关于定惠院东边小山上的海棠，苏轼在元丰七年（1084）春天上巳日（三月三日），离开定惠院已经五年之后，又携带友人同来观赏，写了《记游定惠院》一文（《苏轼文集》卷七十一）：

　　黄州定惠院东小山上，有海棠一株，特繁茂。每岁盛开，必携客置酒，已五醉其下矣。今年复与参寥禅师及二三子访焉，则园已易主。主虽市井人，然以予故，稍加培治。山上多老枳木，性瘦韧，筋脉呈露，如老人头颈。花白而圆，如大珠累累，香色皆不凡。此木不为人所喜，稍稍伐去，以予故，亦得不伐。既饮，往憩于尚氏之第。尚氏亦市井人也，而居处修洁，如吴越间人，竹林花圃皆可喜。醉卧小板阁上，稍醒，闻坐客崔成老弹雷氏琴，作悲风晓月，铮铮然，意非人间也。晚乃步出城东，鬻大木盆，意者谓可以注清泉，瀹瓜李，遂夤缘小沟，入何氏、韩氏竹园。时何氏方作堂竹间，既辟地矣，遂置酒竹阴下。有刘唐年主簿者，馈油煎饵，其名为甚酥，味极美。客尚欲饮，而予忽兴尽，乃径归。道过何氏小圃，乞其丛橘，移种雪堂之西。坐客徐君得之将适闽中，以后会未可期，请予记之，为异日拊掌。时参寥独不饮，以枣汤代之。

　　可知苏轼对定惠院东面小山（名柯丘）的海棠印象深刻，

是他初到黄州心情低落时的心理慰藉，让他对自己的生存意义找到了大自然的参照。因此，在黄州羁旅的五年当中，每年春天，他都会带了朋友在花下聚会饮酒，以消永日。黄州当地人也十分尊敬躬耕东坡的苏轼，知道他喜欢这面山坡，不再随便砍伐山林，为他保持了山林的记忆。苏轼贬谪黄州的岁月，也因此从孤独凄苦的山谷幽居，转成隐逸山林的愉悦了。他写《记游定惠院》的时机，十分重要，因为获知神宗皇帝下令解除了他的黄州贬谪，有御札说"苏轼黜居思咎，阅岁滋深，人材实难，不忍终弃"，遭贬弃置的抑郁终于云消雾散，这也是他最后一次观赏定惠院东的海棠了。

苏轼的海棠诗问世后，引起了历代文人的广泛关注和好评。黄庭坚《跋所书苏轼海棠诗》说："子瞻在黄州作《海棠诗》，古今绝唱也。"黄彻（1093—1168）《巩溪诗话》卷八，讨论王安石写《梅》的诗句"少陵为尔牵诗兴，可是无心赋海棠"，认为不如苏轼写的《海棠诗》："曾不若东坡《柯丘海棠》长篇，冠古绝今，虽不指明老杜，而补亡之意，盖使来世自晓也。"这里说的"补亡"，是说杜甫不咏海棠诗，因为"杜子美母名海棠，子美讳之，故《杜集》中绝无海棠诗"（《诗林广记》前集卷二引李颀《古今诗话》）。苏轼海棠诗写得好，而且心存忠厚，直追杜甫写诗的境界，可以补足杜甫不写海棠的遗憾，不像王安石说杜甫有诗兴而不敢赋写海棠，带有调侃的意味，所以，苏诗"冠古绝今"。汪师韩（1707—？）《苏诗选评笺释》对于东坡此诗，特别赞赏其描绘海棠姿态的诗句，认为刻画海棠正是为了衬托苏轼的流离心境："'朱唇'二句绘其态，'林深'二句传其神，'雨中'二句写其韵。不染铅粉，不置描摹，乃得是追魂摄魄之笔。倘中无写发，而但一味作叹息流落之词，岂复有此焱绝焕炳？"汪师韩显然读通了苏轼的海棠诗，知道此诗的寓意在感喟流落的际遇。纪昀在《苏文忠公诗集》评点本（乾隆辛卯（1771）八月序）中，说此诗"纯以海棠自寓，风姿高秀，兴象深微。后半尤烟波跌宕。此种真非东坡不能，东坡非一时兴到亦不能"，也可谓知音。

海棠诗的原迹未见，却有拓印精美的日本拓本，藏于早稻田大学图书馆（见《海棠诗帖》插图），可以看出书写的笔力遒劲，沉稳而且自信。《海棠诗帖》与《定惠院寓居诗稿》表现的书法风格很不一样，主要有两个原因，一是诗情展现的心态不同，从《海棠诗帖》可以发现苏轼谪居的心情逐渐稳定下来，没有刚到黄州那种恓恓惶惶不知所措的心境了。二是我们看到的《海棠诗帖》不是原本的草稿，而是苏轼后来书写旧作，是当作书法艺术来呈现的。苏轼本人对海棠诗的创意十分满意，曾经多次书写，有些是他在元祐年间召还朝廷，甚至是当了翰林学士时期所写，刻石的版本不下五六种，流传甚广。《王直方诗话》有"东坡海棠诗"一条："东坡谪黄州，居于定惠院之东，杂花满山，而独有海棠一株，土人不知贵。东坡为作长篇，平生喜为人写，盖人间刊石者，自有五六本，云'吾平生最得意诗也'。"魏庆之《诗人玉屑》卷十七也说："元丰间，东坡谪黄州，寓居定惠院，院之东，小山上，有海棠一株，特繁茂，每岁盛开时，必为携客置酒，已五醉其下矣，故作此长篇。平生喜为人写，盖人间刊石者，自有五六本云。轼平生得意诗也。"

苏轼海棠诗书迹的影响极大，体现了东坡书法成熟时期的风格，后世书家不断临写，从模仿中提炼艺术体会，汲取灵感，以期升华自己的审美境界。早稻田大学拓本《海棠诗卷》的书迹，落笔沉稳有致，正如黄庭坚说的典型东坡风格，"圆润成就""字形温润""笔圆而韵胜"。苏轼好友李之仪说："东坡每属辞，研墨几如糊方染笔。又握笔近下，而行之迟，然未尝停辍，涣涣如流水，逡巡盈纸。或思未尽，有续至十余纸不已。议者或以其喜浓墨，行笔迟为同异，盖不知谛思乃在其间也。"我们可以看到，诗卷开头所写的诗题，用笔端正迟缓，一笔一画都矜持慎重，完全是正楷的真书性格。写到"苦幽独"的时候，开始由楷入行，用笔依旧缓慢，好像闲步庭院，潇洒自如，"涣涣如流水"。到了"先生食饱无一事"之后，逐渐加速，笔随意走，有快走的姿态了。字体的大小也随意起来，错落有致，不拘一格。看他写的"衔子飞来"四个字，"子"字与"飞"字的大小对比〔见《海棠诗帖》（局部）插图〕，令人瞠目，也令人会心，感到鸿鹄真的从西蜀一路飞过来了。苏轼讲自己写字的体会，"真生行，行生草，真如立，行如行，草如走，未有未能行立而能走者也"。《海棠诗帖》就这么由立而行，由行而走，一直写到结尾，最后署了个"轼"字，戛然而止。现存鲜于枢临写的《海棠诗卷》，藏于北京故宫博物院，其后有董其昌的跋语："盖东坡先生屡书《海棠》诗，不下十本，伯机（鲜于枢）亦欲附名贤之诗以传其书，故当以全力付之也。"

元丰七年（1084）春天，苏轼在黄州的第五年，也就是他最后一次携朋置酒，观赏定惠院海棠之时，不但早已离开定惠院，躬耕东坡，开辟了一片田园，还建造了雪堂屋舍，生活基本稳定，心境十分潇洒豁达，还获知解除了贬谪之困，便写了另一首脍炙人口的《海棠》诗："东风袅袅泛崇光，香雾空蒙月转廊。只恐夜深花睡去，故烧高烛照红妆。"施宿的《注东坡先生诗》特别提到，曾经观赏过此诗的墨迹，并以墨迹来校改苏轼的文本："先生尝作大字如掌书，此诗似是晚年笔札。与本集不同者，'袅袅'作'渺渺'，'霏霏'作'空蒙'，'更'作'故'。墨迹在秦少师伯阳家，后归林右司子长。今从墨迹。"王文诰指出，"袅袅"改作"渺渺"不太恰当，因为用典出自《楚辞》的"袅袅兮秋风"，"谓风细而悠扬也。公《赤壁赋》'余音袅袅，不绝如缕'，其命意正同。由是推之，则此句正用《楚辞》也。'空蒙'可从，'渺渺'必不可从"。这段校雠文字非常有趣，也矜慎而有理，值得多说几句。

第一，《施注》说的"秦少师伯阳"，是秦桧的养子秦熺（1117—1161），"林右司子长"则在《全宋文》卷五七六七有陈造《祭林子长右司文》，可见都是南宋时期爱好风雅的高级官员，保存了苏轼此诗的墨迹。这首绝句的墨迹是大楷，每个字有巴掌这么大，可能是晚年书写的，也就是说这首后来的《海棠》诗也书写过多次，其他书迹不知道流落何方了。第二，《施注》看到东坡的亲笔墨迹，以此更正了苏轼诗集的文本，听起来很有道理，但是王文诰不买账，硬是拒绝更动成"渺渺"，而以《楚辞》典故改回"袅袅"，这就牵涉到苏轼墨迹的文本问题。苏轼多次书写此诗，绝对不会去对照原诗的文本来书写，而是靠着自己的记忆，随兴写出，字句与原作稍有不同，是很平常的事，反映了古人墨迹与原诗文本的歧义，在作者书写之时，并不是什么了不得的事情，这种情况应该也出现在其他书法墨迹之中。第三，苏轼在黄州贬谪期间，多次为海棠作诗，又在日后多次书写前后的海棠诗作，显然在他心目中海棠有特殊的象征意义，甚至是抚慰创伤的心理补偿，通过诗歌想象，在寂寞凄凉的地方，在月夜笼罩的迷茫之际，呼唤内心升华的灵光。

从苏轼初到黄州寓居定惠院，开始写下《梅花诗帖》与《到黄州谢表》，到接着写的《定惠院寓居诗稿》，再到《海棠诗帖》，最后又写了大楷《海棠》诗，我们大体上可以看到苏轼心境与书法展现的内在联系。他遭受打击，处境孤独，内心有一股难以遏抑的蓬勃之气，直欲喷薄而出。《定惠院寓居诗稿》是最有趣的例证，展示了他内心的惶恐不安，但又不甘于沉默，在潦草纷乱中摸索，超越诗歌格律的限制，落实到艺术的想象世界，为自己落寞的心情找到安身立命的归宿。

黄庭坚评东坡书法

一

宋代书法四大家，苏（轼）、黄（庭坚）、米（芾）、蔡（襄），虽然以蔡襄的年纪最大，却是苏轼占了鳌头，成为宋代书法的领军人物，黄庭坚、米芾都深受影响，开一代新风。关于苏轼书法的艺术成就，一般总是说他早期学二王，并且受到徐浩的影响，后来师法颜真卿，发展出自己的风格。认真探究起来，徐浩对苏轼的影响究竟有多大，是很值得探讨的问题，只是传统书学长期以来有这个说法，而且经常举黄庭坚的评论为证，似乎成了定论。

黄庭坚评论苏轼学书的历程，最重要的一篇题跋，后来刊印在《山谷题跋》中，其中提到了徐季海（徐浩），是研究者经常引用的资料。天津博物馆藏有宋拓《西楼苏帖》，其中就有黄庭坚跋苏轼的书页。《西楼苏帖》是宋人汪应辰搜集苏轼书法刊刻的帖石拓本，三十卷全本早已失传，世传法帖只见残本。现存的宋拓残本，海内外仅见六册，即天津博物馆所藏五册，北京市文物公司所藏一册。因为是宋拓，最近于原来书迹，也就最具有研究价值，弥足珍贵。天津博物馆所藏《西楼苏帖》有"晋府本"一册，黄庭坚的书跋就在其中，解说资料如下：

> 此册帖心纵30.6厘米、横23.5厘米，共32开，锦面清装裱，收录了苏轼与程正辅、俞汝尚等亲友的书信，并黄庭坚书跋一则。苏轼行书书信，"不矜而妍，不竦而庄"。帖首清阮元题"成都苏帖"，帖中钤"晋府书画之印""瑛兰坡家珍藏""江邨秘藏""彀斋秘籍"等收藏印，以及先后有清高士奇、成亲王永瑆、梁同书、郑孝胥、杨守敬、端方题跋。此单册与另外4册曾分别流传于世，端方于宣统元年搜集在一起，民国初年归天津徐世昌，20世纪50年代入藏天津博物馆。

此拓本墨色浓郁，字口清晰，书写、摹刻、传拓均在北宋与南宋之间，与原迹相差无几，堪称下真迹一等。此帖60余件作品中，除草书、楷书外，大多为行楷书，包括了苏轼早、中、晚年的作品，集苏书之大成，可以管窥其书法艺术的发展轨迹和杰出成就。黄庭坚书跋释文："东坡道人少日学《兰亭》，故其书姿媚似徐季海。至酒酣放浪，意忘工拙，字特瘦劲乃似柳诚悬。中岁喜学颜鲁公、杨风子，书其合处不减北海。至于笔圆而韵胜，挟以文章妙天下，忠义贯日月之气，本朝善书者自当推为第一人。数日年后，必有知余此论者。绍圣五年五月己酉，渝州觉林寺下舟中书遗维昉上人。"

　　释文说"姿媚似徐季海"，其实有误，应该是"姿媚似徐浩"；"其合处不减北海"，则漏了"李北海"的"李"字；"数日年后"不通，因为"日"字漶漫，或许是误读了"数百年后"。出现明显错误的原因是抄袭了刊印的《山谷题跋》，没有仔细对照拓本文字。这就给了我们一个警训，读古人评论文字，特别是还有书迹在世，不可大而化之，必须慎思明辨，谨严从事。黄庭坚题跋的真正寓意何在？他认为苏轼学习书法，究竟师法

225

哪几位大家？题跋中明确指出，苏轼学王羲之《兰亭》，学颜真卿，学杨凝式，没说他学徐浩，学柳公权，学李阳冰。只是在不同时段的特殊情况下，类似或合乎后三者的风格面貌。

近年有人写了专论，讨论徐浩对苏轼的影响，指出黄庭坚跋苏东坡《黄州寒食诗帖》，就说苏轼学徐浩，袭用流传的说法，正式引了这么句话："其徐会稽之圆劲，颜鲁公之肥腴，李北海之欹侧"，因此，徐浩对东坡书法的影响，由《寒食帖》的黄庭坚跋语可以得到印证，不容置疑。引黄庭坚跋语，当作黄庭坚的认证，言之凿凿，似乎是研究学问的实证手段，不过，引文要依照原话，不可上下其手，改动文句，作为配合自己论点的证据。黄庭坚《寒食帖跋》的原文是什么呢？请看："东坡此诗似李太白，犹恐太白有未到处。此书兼颜鲁公、杨少师、李西台笔意，试使东坡复为之，未必及此。它日东坡或见此书，应笑我于无佛处称尊也。"（见《寒食帖》黄庭坚跋插图）黄庭坚指出的是，东坡在《寒食帖》中兼有的笔意，有颜真卿、杨凝式、李建中（西台），哪里有徐浩的影子？专论又说，黄庭坚对徐浩书法的评价是："书家论徐会稽笔法：'怒猊抉石，渴骥奔泉。'以余观之，诚不虚语。""怒猊抉石，渴骥奔泉"，确是古人对徐浩的评语，黄庭坚也曾如此引用，不过引用的语境却不是称赞徐浩，而是说徐浩当不起这样的赞誉，而东坡书法才适合如此称颂。黄庭坚的原话是："东坡此书，圆润成就，所谓怒猊抉石，渴骥奔泉，恐不在会稽之笔，而在东坡之手矣。"（《跋东坡水陆赞》）写一篇论文，如此断章取义，假造证据，混淆是非，实非学术讨论之福，也陷古人于不义。

其实，黄庭坚说东坡的中年书法近似徐浩，也只是说说而已，并非认真的定性论断，在《跋东坡书》一文中，黄庭坚原来是这么说的："东坡书如华岳三峰，卓立参昴，虽造物之炉锤，不自知其妙也。中年书圆劲而有韵，大似徐会稽。晚年沉着痛快，乃似李北海。此公盖天资解书，比之诗人，是李白之流。"真正要说的话，是前面两句赞叹东坡书法，有如华山的雄伟壮丽，更卓然特立于参昴星辰之间，是天地间难以企及的神妙之品。后面说中年像徐浩，晚年像李北海，只是形容书法的外貌，陪衬前面赞叹的附带比方，是文章笔法的延续，提供形象描述，便于一般人的理解。

黄庭坚多次以苏轼的书法与古来书家并列，述及晋唐大家对东坡的影响，却不曾标举出徐浩是真正的关键。上述这段引文，前面还有更清楚的论列，说明黄庭坚对晋唐大师的崇拜，以及东坡在书法史上的地位："余尝论右军父子以来，笔法超逸绝尘，惟颜鲁公、杨少师二人。……予与东坡俱学颜平原，然余手拙，终不近也。自平原以来，惟杨少师、苏翰林可人意尔。"在《跋东坡墨迹》（即上文《西楼苏帖》黄庭坚跋的刊印本）中说："东坡道人少日学《兰亭》，故其书姿媚似徐季海。至酒酣放浪，意忘工拙，字特瘦劲，乃似柳诚悬。中年喜学颜鲁公、杨风子书，其合处不减李北海。至于笔圆而韵胜，挟以文章妙天下，忠义贯日月之气，本朝善书，自当推为第一。"文字与宋拓本有出入，但意思相同，说的是，苏轼年轻时学的是王羲之的书法一脉，字体的姿媚形态像徐浩，随兴自然不受拘束的时候，像柳公权的瘦劲。中年以后学的是颜真卿、杨凝式，而有李北海的风韵。这也可以从苏轼自己的论述得到印证："自颜、柳没，笔法衰绝。加以唐末丧乱，人物凋落磨灭，五代文采风流扫地尽矣。独杨公凝式笔迹雄杰，有二王、颜、柳之余。此真可谓书之豪杰，不为时世所汩没者。"（《评杨氏所藏欧蔡书》）不论是黄庭坚的跋，还是苏轼自己的论述，很清楚地表明，苏轼学书法，是从二王、颜真卿、杨凝式吸取精髓，与徐浩关系不大，甚至根本没有关系。书法外表的体貌有类似之处，而令人感到风格相近，是因为秀美而有姿媚的倾向，但是气骨不同，也就没有真正艺术审美精神的承袭关系。

黄庭坚颂扬东坡书法不遗余力,认真探究东坡书法的历史地位,同时也以之比拟形貌相近的书家,这就在他论述中出现了模糊的空间,容易让人误读他的本意。归结起来,他对东坡书法的定位是:师法二王、颜真卿、杨凝式,这是气骨精髓的承袭与发展;而在字形章法的姿态上,与徐浩和李北海有貌似之处,则是观赏的表面印象。在《跋东坡帖后》,黄庭坚是这么评定晋唐以来书法传承脉络的:"余尝论右军父子翰墨中逸气,破坏于欧、虞、褚、薛,及徐浩、沈传师,几于扫地。惟颜尚书、杨少师尚有仿佛。比来苏子瞻独近颜、杨气骨。"明说了二王之后,唐代诸家书法破坏了书法的超逸风气,而徐浩之类更是垃圾,只有颜真卿、杨凝式传承了书法艺术的精髓,而东坡则能承袭超逸的气骨。黄庭坚多次申说这个看法,如说:"余尝论二王以来,书艺超轶绝尘,惟颜鲁公、杨少师,相望数百年,若亲见逸少。又知得于手而应于心,乃轮扁不传之妙。赏会于此,虽欧、虞、褚、薛,正当北面尔。自为此论,虽平生翰墨之友闻之,亦怃然瞠若而已。晚识子瞻,评子瞻行书当在颜、杨鸿雁行,子瞻极辞谢不敢。虽然,子瞻知我不以势利交之而为此论。"(《跋李康年篆》)黄庭坚的议论,在宋代的确有点惊世骇俗,贬低了初唐书法四大家欧阳询、虞世南、褚遂良、薛稷，突出颜真卿与杨凝式，并指出苏东坡可以和颜、杨并驾齐驱。

黄庭坚对东坡书法极其倾倒，立论坚守书法的气骨境界，要有超逸的精神，不可媚俗，也不为世俗风尚而左右。他在多处发挥这个观点，如说："东坡先生不解世俗书，而翰墨满世。"（《题东坡小字两轴卷尾》）"东坡书，随大小真行，皆有妩媚可喜处。今俗子喜讥评东坡，彼盖用翰林侍读之绳墨尺度，是岂知法之意哉？余谓东坡书，学问文章之气，郁郁芊芊，发于笔墨之间，此所以他人终莫能及尔。"（《跋东坡书远景楼赋后》）所以，他坚持苏东坡的书法是宋代天下第一："翰林苏子瞻，书法娟秀，虽用墨太丰，而韵有余，于今为天下第一。"（《跋自所书与宗室景道》）

二

苏轼的儿子苏过（1072—1123）最反对东坡学徐浩的说法，在《斜川集》卷六中说：

吾先君子，岂以书自名哉？特以其至大至刚之气，发于胸中而应之以手，故不见其有刻画妩媚之工，而端章甫，若有不可犯之色，知此然后知其书。然其少年喜二王书，晚乃喜颜平原，故时有二家风气。俗子初不知，妄谓学徐浩，陋矣。公之书如有道之士，隐显不足以议其荣辱。昔之人有欲挤之于渊，则此书隐，今之人以此书为进取资，则风俗靡然，争以多藏为夸。而逐利之夫临摹百出，朱紫相乱，十七八矣。呜呼，此皆书之不幸也。

苏过捍卫他父亲书法超逸的精神境界，强调的是胸中勃发的浩然之气，就像苏轼称赞表兄文同画竹，是"胸有成竹"的。世俗之士，不懂这个道理，只从外表形貌来判断，说苏轼书法学徐浩，简直是荒唐，是鄙陋之见。

黄庭坚说东坡的字"圆润成就""字形温润""笔圆而韵胜"，这些特色都与徐浩书法在外貌上类似，因此，有人说东坡书法与徐浩可以呼应，也师出有名。黄庭坚虽然一味贬低徐浩，也曾说过："东坡少时观摹徐会稽，笔圆而姿媚有余。中年喜临写颜尚书真行，造次为之，便欲穷本。晚乃喜李北海书，其毫劲多似之。"从字体的丰腴肥厚，用墨浓重而言，东坡的字与徐浩笔法是有接近之处，也无怪世间总是有东坡学徐浩的说法。但是，从书法追求的艺术独创精神来说，东坡书法的境界与徐浩就不可同日而语，这是黄庭坚念兹在兹，反复申说的论点，也是苏过不满俗子说他父亲学徐浩的缘由。

从用笔施墨的技巧而言，苏轼的好友李之仪指出："东坡每属辞，研墨几如糊方染笔。又握笔近下，而行之迟，然未尝停辍，涣涣如流水，逡巡盈纸。或思未尽，有续至十余纸不已。议者或以其喜浓墨，行笔迟为同异，盖不知谛思乃在其间也。……要之，东坡之浓与迟，出于习熟。"（《姑溪居士文集》卷十七）还说："东坡捉笔近下，特善运笔，而尤喜墨，遇作字，必浓研几于糊，然后濡染。"（同上，卷三十八）李之仪本身也是书法家，很能体会东坡写字的特性，研墨浓重，用笔迟缓，却毫不间断，跟创作的艺术思绪紧密结合，绵绵不绝，涣涣如流水，有如早春的冰雪融化，涓涓成为溪流。用东坡自己的话来说，就跟写诗作文一样，"大略如行云流水，初无定质，但常行于所当行，常止于所不可不止，文理自然，姿态横生"。

东坡书法的姿态，最显著的是丰腴肥厚，圆润浓重，打个不太尊敬的现代比方，很有点海派本帮菜肴"浓油赤酱"的意味。曾敏行《独醒杂志》卷三记载了这样一则故事：

东坡曰："鲁直（黄庭坚字）近字虽清劲，而笔势有时太瘦，几如树梢挂蛇。"山谷曰："公之字固不敢轻议，然间觉褊浅，亦甚似石压蛤蟆。"二公大笑，以为深中其病。

两大书家相互调笑，东坡说黄庭坚的字瘦峭，像一条挂在树梢的蛇，黄庭坚回应一句，说东坡的字肥扁，像压在石头下的蛤蟆。两人玩笑戏弄，比喻得有点刻薄，却相视莫逆，成为朋友间的一段佳话，倒也反映两人书法各有特色。曾敏行说"以为深中其病"，未免是皮相之见，容易误导后人的认识，以为艺术特色是"病"。其实两人的谑弄话语，真正道出了各自书法艺术创作的独创风格，是苏东坡与黄庭坚在书法史上不朽的原因。最典型的例证，就是东坡的《寒食帖》以及黄庭坚的跋，出现在同一幅长卷上（见《黄州寒食帖》插图），显示了同样学习颜真卿的书法精神，却展现南辕北辙的外貌，凸显个人的艺术风格，以树梢挂蛇对照石压蛤蟆，相映成趣。

前人谈苏轼的书法，总是指出，他年轻时书写风格比较隽秀，中年逐渐沉稳蕴藉，是学习了颜真卿笔力的丰腴厚重。黄庭坚特别强调这个看法，也是苏轼自己首肯的。苏轼三十四岁

（1069）的时候，在当时可算是中年了，写过《石苍舒醉墨堂》一诗，其中说到自己写字的体会："我书意造本无法，点画信手烦推求"，是在自娱自乐之中追求艺术情趣。在他四十六岁，贬谪到黄州第二年（1081）之时，有姓唐的朋友为他展示了六家书法，有智永禅师、欧阳询、褚遂良、张旭、颜真卿、柳公权的书迹作品，他写了《书唐氏六家书后》，其中谈到浸淫书法的体会："今世称善草书者或不能真、行，此大妄也。真生行，行生草，真如立，行如行，草如走，未有未能行立而能走者也。"明确说出，先掌握了楷书的诀窍，才能写好行书，然后才能写草书。还不会站立，不会走路，就想健步如飞，那是不可能的。东坡批评，有些人自夸草书写得好，却不会写楷书，不会写行书，根本是胡说八道。

苏轼还从书家的人品与性格，联系艺术创作的神思过程，反思艺术境界的追求："世之小人，书字虽工，而其神情终有睢盱侧媚之态，不知人情随想而见，如韩子所谓窃斧者乎，抑真尔也？然至使人见其书而犹憎之，则其人可知矣。"苏轼所举的"窃斧"典故，其实出自《列子》与《吕氏春秋》，说的是有人怀疑邻居偷了斧头，就觉得邻居的举止行径都像个小偷。《韩非子》也说过"智子疑邻"的故事，说的是天雨墙坏，儿子与邻居都说会发生盗窃，结果真的发生了。"其家甚智其子，而疑邻人之父。"苏轼举证不那么严谨精确，有点混淆，不过，意思是明白的，就是以"窃斧疑邻"比喻书家与书法的关系，是说人品不正，对艺术创作缺少自我把持与执着，作品也就扭捏作态，谄媚讨好。

《王直方诗话》探讨苏轼论文章的审美境界，曾引与苏门学士来往密切的晁以道（晁说之，1059—1129）之言："近见东坡说，凡人作文字，须是笔头上挽得数万斤起，可以言文字已。"苏轼相信，写文章要胸中有浩然磅礴之气，才能笔力万钧，同样的道理，也适用于他对书法的态度。关于写字技巧，陈师道（1053—1102）有过细腻的观察，指出苏轼与黄庭坚写字都不悬腕，说他们与王羲之的书写方式不同："苏黄两公皆喜书，不能悬手。逸少非好鹅，效其腕颈耳，正谓悬手转腕。而苏公论书，以手抵案，使腕不动为法，此其异也。"（《后山丛谈》卷一）他做的解释非常有趣，以王羲之爱鹅作为书写技巧的张本，认为王羲之不是真的爱鹅，而是模仿鹅的长脖子婉转流动的姿态，可以化为"悬手转腕"书写方法。苏轼的书写方式不同，把手臂放在书案上，保持手腕的姿势稳定，不随便转动，是与王羲之不同的。虽然陈师道是"苏门六君子"之一，熟悉苏轼的文章与书法，但是，这段论述大概形容的只是苏轼日常书写中小行楷的情况。苏轼也写擘窠大字，恐怕就不能总是"以手抵案"了。

苏轼写字有自己的体会，对人品与艺品的关系，再三致意，也就是黄庭坚崇尚东坡书法的根本原因。所谓"字如其人"，不是要书法艺术家化身为社会规范的道德表率，而是希望书家能够本着纯粹的艺术追求，有一种不求功利，不为世俗风气左右的"不食人间烟火"精神（黄庭坚也用类似的话语，称赞东坡在黄州写的《卜算子》一词），在审美品位的领域为文化承传开拓创新的局面。

附录：

苏东坡的情趣人生

（在上海图书馆的一次讲座）

上海图书馆智慧讲堂主持人：

今天是我们"智慧讲堂"的第三讲——《苏东坡的情趣人生》。苏东坡的一生非常富有传奇性，年少成名，乌台诗案被贬黄州，东山再起，流落惠州，最终客死他乡，起起落落，跌宕起伏。但他胸怀宽广，处世豁达，他在困顿之中仍然保持着乐观的精神，甚至还从餐饮美食中体会了一番生活的情趣和养生之道。

那接下来我们会邀请到郑培凯老师为我们讲述苏东坡的一些人生趣味。郑培凯老师是著名的文化学者，香港非物质文化遗产咨询委员会主席，2016年荣获中国香港政府荣誉勋章，曾任教于纽约州立大学、耶鲁大学、佩斯大学、台湾大学、台湾清华大学，著有《汤显祖戏梦人生与文化求索》《汤显祖与晚明文化》《在乎山水之间》《茶余酒后金瓶梅》等60余种著作，下面就让我们掌声有请。

郑培凯：

各位朋友下午好，非常高兴能够来到上海图书馆，跟各位讨论苏东坡的情趣人生。其实我讲苏东坡心里头有点忐忑，有两个原因：第一，我一个好朋友和我算是忘年交，算是我的长辈，或者师友——王水照先生，是研究苏东坡的，在复旦大学，而且我开的书单里头就叫你们读读王水照的书。王先生一辈子研究苏东坡，所以来上海讲苏东坡，我很惭愧，好在他今天没来，没关系。这是第一，第二是我从来没有讲过苏东坡。虽然我从小就喜欢苏东坡，一天到晚读苏东坡，可我从来没讲过苏东坡，有时候我想这可能是跟我们在学术界久了有关系，这个体制要求你专精某一个领域，当然我一般也不太受这个限制，不过我真的还没讲过苏东坡。所以这其实是诸位第一次听我讲苏东坡，不过我要讲的也有重点，我最喜欢苏东坡的，就是他的人生态度。所以我今天要跟大家分享的，就是苏东坡的人生态度。

（一）

苏东坡真的是一个天才横溢的人。我们发现，他在生命历程当中，也有一些因为恃才傲物所遭遇的灾难。我们回头看看，就发现苏东坡遭遇的灾难好像特别多，所以他晚年曾经讲到他一生的事业——黄州、惠州、儋州。他一生的三大事业，就是被贬到黄州，被贬到惠州，被贬到海南岛的儋州，这个其实也有所感慨。苏东坡这个人很有意思，他自嘲的本领，也是天下第一的。人假如没有自嘲的本领，在遭遇最困难的时候，往往度不过去的。我们看苏东坡的经历真的是很九死一生，却都能够很宽心地度过。所以我时常讲，苏东坡的人生是一个豁达的人生，他这个豁达不是一个单纯的、呆呆的天生的事情，他这个豁达是从他生命经历当中，跟他学习和读书当中，从整个中国文化传统当中吸取到的很优秀的一些因素，造就了他个人的人格。人的人格，整体的这个人，是怎么慢慢地成就出来的，有他自己天生的一些特别聪明的本质，也有一些后天刺激。当时的人觉得他有宰相之才，很可能很快就能够当到宰相，假如他跟王安石不发生很大的冲突，假如他能够稍微收敛一点，他能够改变一下他自己的一些想法，很快就可以拜相了。可是，他有一些坚守的原则，他那个坚守原则的方式，倒并不完全按照一般规矩来的，而是他对人的一些关怀，他对于他自己的要求。

因为前面已经有好几讲了，所以大家也比较清楚苏东坡的这个生平了，今天我讲的最主要跟这些有关。苏东坡是宋仁宗景祐三年十二月十九日出生的，换成公元历法是1037年1月8日；建中靖国元年（1101）七月二十八日去世，公元历法是1101年8月24日。以中国的岁数算法就是66岁，66岁是包括我们现在所谓的虚岁。我们读历史的时候，这个中西历法与年岁的不同，一定要放在心里头，要不然年代经常会搞乱。有的人就是用过去的传统算法，那是生下来就一岁，可是我们现代人是以在世上活了一年以后才叫一岁。还有就是我们现在都习惯用公元，而古代纪年是按照阴历来算，经常阴历十一月底到十二月，就进入公元历法的第二年了，所以这就经常会造成大家对于年代的混乱。比如说，换算成阳历，阴历的十二月，通常就是阳历的下一个年度。

他虚岁二十岁就举进士，然后也做过一些小官，比较主要的一个经历是三十五岁到杭州做通判。他在杭州的这段时间，写的诗特别多，我们现在经常讲苏东坡在杭州，引的这些诗大多数是这个时候写的，算是中年时期的作品。之后他调到山东密州去担任知州，到徐州任知州，再去湖州当知州。他任湖州知州的时间很短，马上就被抓起来，这就是乌台诗案，影响了他的一生。这是一个文字狱，而这个文字狱背后就是党争，就是政治斗争。所以我们就会发现，经常有些罗织的罪名，背后往往有很大的政治利益冲突。可是在党争或者是这些冲突的过程当中，你可以看到不同的人处理的方式不同，这里你就可以看到什么人比较君子，什么人比较小人。有的人是真君子，有的人是真小人，还有人是虚伪的两面派。所以从苏东坡的人生经历，我们看到，从一千年前到现在，人的性格本质究竟有什么很大的改变，真是难说。我们自己的生命历程当中会遭遇许多变故，并不因为现在时代进步了，现在物质生活改善了，就比古人好很多，不见得。其实乌台诗案的许多处理方法、罪名罗织的方法，从古到今没什么大差别。从这个角度来讲，我们就发现苏东坡如何对待这些事情，跟苏东坡身边的人、整他的人、支持他的人进行对比，可以看到他的人生态度，对我们现代人是很有启发的。我们生活在这个世界上，做人要有一个自己的标准。我时常说，人不要对不起别人，也不要对不起自己，人最怕就是对不起自己的良心，你到晚年，你总会有一个自己的总结的。

乌台诗案的结果，是把他贬到了黄州，这是第一次遭贬。他在黄州停留了五年之久，一直到神宗皇帝晚年。神宗皇帝心里其实知道苏东坡是个人才，只是觉得苏东坡这个人有点桀骜不驯，很不听话，难以驾驭。虽然贬了苏东坡，可是心里头记得他，因为苏东坡的确是个出类拔萃的人才。所以神宗到晚年的时候，还想要把苏东坡调回来。但是皇帝也不是说我想怎么样就怎么样，因为皇帝有各种不同的考虑，有一个大的政治局面的考虑，要考虑政策的长远方向，还要考虑执政班子的意见。苏东坡贬谪以后，皇帝时常想要把苏东坡调回来，但是官场是很复杂的，有许多人嫉恨苏东坡，制造各种障碍。等到神宗皇帝过世以后，整个政治斗争气氛改变了，王安石的新法被废了，司马光这批老臣回来了，苏东坡也就回到朝廷，他的官运也来了，一直做到翰林学士、尚书，等等。

与自己政见相近的朋友一起掌权之后，还是有不同的意见，与其他的党派斗争。苏东坡这个人呢，比较执着，总是就事论事，不赞成推倒所有的新政措施，所以有自己的看法，并不愿意完全攀附司马光。人的性格影响行为，也影响交往的圈子。比如说，他的性格跟当时的大理学家程颐很不相同，两个人走不到一起。你可以说程颐以道德自诩，苏东坡很正直诚恳，为什么跟他发生这么大的冲突？程颐道貌岸然，受不了人家开玩笑，苏东坡则性格诙谐，随便乱讲话，谁知道随便嘲笑程颐是"麑糟陂里叔孙通"，有时也会惹来杀身之祸。人太过道德化也很麻烦，成了一代宗师，就有一批死忠信徒。程颐的门人是后来整苏东坡的主要打手，因为苏轼居然戏弄我的老师，我跟你没完！以苏轼大咧咧的性格，这完全不是他预先能够想到的。可是不管怎么样，苏东坡就觉得朝中很麻烦，一直希望能够调到外面去。外面就比较简单，所以他后来就调到杭州做杭州太守。

之后他还在不同的地方做官，可是朝中斗争不断，他又被贬，基本上就没有回到京城去了。1094年哲宗皇帝亲政，新党回朝，苏轼被贬到惠州，又从惠州贬到儋州，到海南蛮荒之地去了。在他死前一年，哲宗升天，徽宗登基，施行了调和新旧的政策，把他从海南召回了。他还蛮高兴，终于活着离开海南。在回来的路途上，或许是旅途劳累，或许也就是流放累积的宿疾，到了江南就病倒了，一直拖着回到常州，在常州去世了。过去常州是很重要的地方，从来都很重要，到了清末才开始缩小范围，到了民国又缩小，新中国成立以后再缩小，所以我们现在觉得常州是个小地方。过去并不如此，无锡以前是常州的一个县，江阴是常州的，宜兴也是常州的。所以那个时候常州很大，本来是苏东坡希望归老之处。

苏东坡是66岁过世的，我们平常讲他的时候，因为尊敬，我们喊他东坡、东坡居士。但是，他本名苏轼，字子瞻，号东坡，这个号是在他贬到黄州之后才有的。所以在1081年之前，没有"苏东坡"，也就是在他46岁以前，不叫苏东坡的，所以，只有在生命最后20年他是苏东坡。我们后代尊敬他，称他为东坡先生，好像他生下来就叫苏东坡，其实不很恰当。东坡写他在黄州生活的时候，写过《东坡八首》组诗，其中的序说：我到黄州两年了，生活实在是很苦、很惨，积蓄都用完了。一个老朋友马正卿，觉得他连饭都没得吃了，所以就到郡里面去申请，有几十亩废地在城的东门外面，可以让他来耕种，其实是很差的坡地，让他像农民一样躬耕自足。他第一年收成的麦子很好，他很高兴，自称"东坡居士"，是46岁以后才用的名号，其中是浸润了血泪的。

（二）

从苏东坡的诗文中，我们可以看到他人生志趣及心态的变化。他25岁的时候，写过这首诗，是我们比较熟悉的："人生到处知何似，应似飞鸿踏雪泥；泥上偶然留指爪，鸿飞那复计东西。老僧已死成新塔，坏壁无由见旧题。往日崎岖还记否，路长人困蹇驴嘶。"这首诗很有意思，他那时很年轻，跟他弟弟离别的时候有一些感慨，思考人生到底是怎么回事。苏轼的确是有慧根的，他在吸收佛教、道教思想的时候，吸收得很快，而且可以融入他自己的一些思维在里面，对生命的真实感有些想法，知道人生一定会遭遇挫折，生离死别也是无可避免的。苏轼基本上是一个儒家的信徒，他很入世，很想要做一些事情，很有抱负。可是他同时也很看得开，知道人生的经历有其因缘，不一定能符合自己的心愿。

他踏入政坛以后，最主要的问题是反对王安石的新法。当然有些人说新法是进步的，反对新法的都是落后的、是保守的。可是这种一刀切，划分黑白的历史评价方式，其实很有问题，因为实际的历史情况总是很复杂的，牵扯的问题不能喊喊口号就得以解决。苏轼经常讨论的，是新法在执行过程当中，是不是影响了老百姓的生计，是不是执行方式过于鲁莽，甚至违背立法的初衷，但这却是许多官僚不管的。王安石有长远的目标，认为即使是有短期的困难，或者是有老百姓遭殃，并不能改变历史的大趋势，执行新政就比较粗暴。苏轼不是这样想事情，他想得很具体，体恤民情。这就是苏轼跟许多官员很不同的地方，他总是为民请命，关心新政执行中扰民的问题。政策改变过程有人遭殃，那么，受难的百姓怎么处理，如何改善民生？一个好的当政者应该计划好改革的步骤，知道怎么处理具体情况，可是王安石管不住下面的这些官僚。王安石新法造成的问题，往往不是王安石的本意。可是历史是具体的人世展现，新政一旦执行不当，老百姓就首当其冲，受到伤害。所以苏轼总是觉得新政不太恰当，总是各种质疑，也就变成了阻碍变革的保守派。王安石觉得苏轼每次来捣乱，既是当朝名士，奏章写得很好，逻辑也很清楚，作为绊脚石的危害性就大。王安石受不了改革期间的扞格，苏轼也受不了当政者的压力，因此外调就成了解决的方式。这是苏轼第一次去杭州当通判的背景，从表面上看来，还是保持着官位，实际就是把他排除在决策圈外。他在外服官，先是在杭州当通判，再到山东密州去当知州，然后又去了徐州，最后一路到湖州，都是当太守，好像官运亨通，其实其中一直潜伏着涉及新政执行的党派冲突。

在杭州当通判这段时间，苏轼写的诗特别多，而且是我们熟悉的一些作品。他跟当时的杭州太守陈述古性格相投，意趣相合，使得杭州为官的岁月十分惬意。后来陈述古离开杭州，苏东坡写了首《虞美人》词给他："湖山信是东南美，一望弥千里。使君能得几回来？便使尊前醉倒更徘徊。　沙河塘里灯初上，水调谁家唱？夜阑风静欲归时，惟有一江明月碧琉璃。"把杭州生活写得十分安逸，像是可以终老的温柔乡。苏轼早年只写诗，30多岁以后才开始写词，可是他的词别有特色，反而是我们今天最熟悉的。他在杭州写了好几首词，都与陈述古相关，都写得非常好。我们可以从他词里头，看到他内心深处的细腻感觉，看到朋友给他带来的灵感，看到他宁谧平和的心境，反映了他当时的人生态度。

　　苏东坡《陌上花三首》，是按照民歌的方式写的，也透露了他在杭州的岁月悠游。杭州这个地方文风很盛，风光宜人。苏东坡是四川人，离开四川以后先到汴京，接触到权力中心的繁华，第一次外出当官是到陕西凤翔，生活条件比较差，后来到了杭州，就非常喜欢江南的湖光山色与饮食美味。他对五代时期的吴越国，好像有一种难以言宣的缅怀。吴越国是钱镠创立的，都城在杭州，王妃回家乡苕溪省亲，听说快要回来了，钱王就给她送个信过去，说：陌上花开，可缓缓归矣。简简单单一句话，感觉很有风韵，诗情画意的，成为传世的佳话。苏东坡喜欢这个故事，就以民歌的风格写了这三首诗：

　　　陌上花开蝴蝶飞，江山犹是昔人非。

　　　遗民几度垂垂老，游女长歌缓缓归。

　　　陌上山花无数开，路人争看翠軿来。

　　　若为留得堂堂去，且更从教缓缓回。

身前富贵草头露，身后风流陌上花。

已作迟迟君去鲁，犹歌缓缓妾回家。

我们觉得，苏东坡虽然有治平天下之心，后来也做过大官，可是他内心深处就是个诗人，他无法放弃诗的感觉，诗情画意也不可能放过他。他喜欢跟老百姓打成一片，也就能体会老百姓有什么感觉，老百姓经历了什么具体的生活，都给他带来了生命的热度。所以他讲的许多道理，都是从这个角度出发，充满了人情，充满了生活气息，这也就跟王安石的态度很不一样，后来他跟程颐的冲突也是这样。他基本上生活在一个"情"里面，在他心里，所有的人都是活生生有血有肉的人，不只是一个统计的数字。他对生命的感觉，对生活的暖度，从来没有放弃过。

苏轼写西湖的诗，我们最熟悉的是《饮湖上初晴后雨二首》的第二首：

水光潋滟晴方好，山色空蒙雨亦奇。

欲把西湖比西子，淡妆浓抹总相宜。

这首诗大概人人都会背诵，也总被杭州作为观光旅游的口号。其实，他写过很多咏赞西湖的诗，都很精彩，有些更有意境，不只写眼前美景，还描绘了诗人的心景，如《六月二十七日望湖楼醉书五绝》的第一首：

黑云翻墨未遮山，白雨跳珠乱入船。

卷地风来忽吹散，望湖楼下水如天。

这个是他在杭州望湖楼写的，说是"醉书"，应该是像李白醉写那样，与朋友聚饮欢畅之时，诗兴大发，在众人围观之下，提笔濡墨，龙飞凤舞，一口气书写了五首绝句。诗写得是真好，真的是大诗人，意象的运用非常活泼。更重要的是，这首诗写出了雨过天晴的爽朗心境，反映他的乐观心态：暴风雨过后，总是晴朗的天。

苏轼的潇洒自如个性，经常在他的诗中展现。杭州吉祥院园圃广袤，牡丹盛放之时，游人如织。据《咸淳临安志》记载："名人巨公皆所游赏，具见题咏。"苏轼就有《吉祥寺赏牡丹》一诗：

人老簪花不自羞，花应羞上老人头。

醉归扶路人应笑，十里珠帘半上钩。

　　我们发现，这首诗半写实半自嘲，非常有趣。他自己写过一篇文章《牡丹记叙》，说他跟太守沈公一起观花的经过，看花的人群多如过江之鲫，拥挤程度不亚于二十一世纪的西湖，"自舆台皂隶皆插花以从，观者数万人"。苏轼自己也在头上插了花，畅饮半醉，招摇过市。年纪一把了，也不害羞，像小姑娘一样，满头插了花；自己不害羞，却以拟人笔法描绘花都害羞起来，觉得二八姑娘戴的鲜花，怎么插在老家伙头上。末句的出典来自杜牧的《赠别二首》的第一首："娉娉袅袅十三余，豆蔻梢头二月初。春风十里扬州路，卷上珠帘总不如。"原诗是为十三岁的歌姬张好好所作，正是豆蔻年华，所有卷上珠帘的歌姬都比不上她的青春美貌。苏轼把这典故扭了一转，变成插花半醉的老人家，颠颠倒倒走在路上，惹得十里长街人人都卷起珠帘看热闹。其实，他还不到四十，笑自己风流浪荡，人老心不老，诙谐恣肆，他的风趣个性从这里头也可以展现出来。

　　他在杭州的时候还写了一些诗，有的是感叹年轻人怀才不遇，有的则对新政带来的社会问题，做了一番嘲讽。他碰到一个年轻人叫王复，属于怀才不遇一类，住的地方有棵桧木，他就写一首诗：

凛然相对敢相欺，直干凌空未要奇。

根到九泉无曲处，世间惟有蛰龙知。

他其实是称赞这个正直的秀才，桧木很直的，连根都是直的，这个秀才只做到秀才，没有人知道他，可是没关系，地下的卧龙是知道的。这首诗后来惹了大祸，几乎成了杀头的一个大罪状。

他还在诗中批评新政扰民：

老翁七十自腰镰，惭愧春山笋蕨甜。

岂是闻韶解忘味，迩来三月食无盐。

盐开始专卖，政府控制盐，盐价太高，老百姓买不起盐，所以他写了这么一首诗，后来也是他的罪状，是讽刺政府的罪证。

杖藜裹饭去匆匆，过眼青钱转手空。

赢得儿童语音好，一年强半在城中。

这是讽刺青苗法，青苗法是在青黄不接的时候，政府贷款给老百姓。老百姓可以买苗，渡过青黄不接的难关。可是实际发生的状况不这么简单，因为钱发下来，经过层层政府、官僚之手，或许出现盘剥，或许积压拖欠，老百姓不一定能够及时拿到很多钱。还有的时候，老百姓拿了一笔款项，不知道怎么有效利用。有些老人家赶紧包了点吃的，冲到城里面去花费，钱转手就没了。小孩跟着生活在城里，一年有半年都在城里混着，口音倒是正点了。

杭州给苏轼的印象是十分美好的。他后来经历了冤狱与贬谪，过了十五年再回到杭州担任太守，写过"荷尽已无擎雨盖，菊残犹有傲霜枝。一年好景君须记，正是橙黄橘绿时"。他这时已经五十多岁，已是暮年，回到杭州还是感到欣慰的。秋天到了，正往冬天走的时候，一般人想到的是肃杀之气，严冬快要来了。但苏轼强调的是，看看秋天丰收季节多么美好，即使寒冬就要来临，也别忘了当下的璀璨与快乐。他有纯粹的乐观主义者的态度，他的内心是一整个光明面，永远在追求生命中的光辉美丽。

（三）

苏轼离开杭州，调到密州做太守。他在这里写了一篇文章，这篇文章很重要——《超然台记》，是1075年在密州写的，这个时候他四十岁。他说：

> 凡物皆有可观，苟有可观，皆有可乐，非必怪奇伟丽者也。餔糟啜醨，皆可以醉，果蔬草木，皆可以饱。推此类也，吾安往而不乐？

他在山东密州的时候，先遇上蝗灾，后来又是旱灾，他都尽心尽力救灾，显示了具体办事的能力与效率。他登上超然台，对如何面对生活的困难，有所感悟，说我们不一定都要最美好的东西，但是可以乐观面对世界上所有的境遇。他说：

夫所为求福而辞祸者，以福可喜而祸可悲也。人之所欲无穷，而物之可以足吾欲者有尽，美恶之辨战乎中，而去取之择交乎前。则可乐者常少，而可悲者常多。

我们人的欲望是无穷的，假如欲望太深的时候，生活不可能满足你的欲望。如果我们整天陷入欲望无穷，开心的事情就很少，而可悲者就常多了。他这段时间，读了很多老、庄的东西，特别是《庄子》。庄子齐物的观点从哲学的角度来讲，影响了他。苏东坡有趣的是，他不是一个从哲学概念出发、从理念出发，然后得到结论的人。他是从真正的日常生活里面体会的。像《超然台记》这篇文章就非常有意思。

是谓求祸而辞福。夫求祸而辞福，岂人之情也哉？物有以盖之矣。彼游于物之内，而不游于物之外。物非有大小也，自其内而观之，未有不高且大者也。彼挟其高大以临我，则我常眩乱反复，如隙中之观斗，又焉知胜负之所在。是以美恶横生，而忧乐出焉，可不大哀乎！

天下的事物有的时候会蒙蔽我们的思维。他的超然观念，在他一生后来扮演很重要的角色，虽然这时候他还没有真正遭过难。

也就在这年的中秋，他写了首《水调歌头·明月几时有》，可能是大家最熟悉的苏东坡的词了。《超然台记》讲到要有超越的心灵，《水调歌头》这一首词就表示出他的人生态度，对亲爱的人的思念，对相聚的向往，对美好生活的憧憬。他跟他弟弟苏辙是最亲密的，这首词就是中秋想到弟弟而写。后来，神宗皇帝看到这首词的时候，说："不知天上宫阙，今夕是何年。我欲乘风归去，又恐琼楼玉宇，高处不胜寒。原来苏东坡总是在想我！苏东坡人不错，远远在外面，他心里头还记得我。"其实是神宗皇帝记得苏东坡，这个逸事很有趣。

他从徐州调到湖州之际，攻讦他的人越来越厉害，想方设法罗织他的罪名。有的人收集他的诗，断章取义，在其中挑出讽刺朝廷新政的诗句。其实苏轼没有直接攻击朝廷的东西，更没有直接反对神宗皇帝的，只是在奏章里头表示了一些意见，写诗的时候流露出来对政策的不满，结果这些都变成罪名。他在湖州当太守，突然就听说朝廷要来抓他，抓他速度很快的，那些人恨他真的恨得入骨，日夜兼程派人来抓他。他不知道发生了什么事，朝廷来人站在衙门外面，气势汹汹，他还以为是赐死。后来苏轼自己提到这段经历，说了个故事，当时强颜欢笑，安抚妻小：

真宗东封还，访天下隐者，得杞人杨朴，能为诗。召对，自言不能。上问："临行有人作诗送否？"朴言："无有，惟臣妻一绝云：'且休落拓贪杯酒，更莫猖狂爱咏诗。今日捉将官里去，这回断送老头皮。'"上大笑，放还山，命其子一官就养。

苏轼被抓的时候，全家哭天喊地，不知下场如何。后来大家知道不是赐死，是要把他绑起来，押到京师去，一家人愁云密布，都在哭，苏轼也不知道该怎么办，就对他老妻说："子独不能如杨处士妻，作一诗送我乎？"他的妻子哭着哭着就笑了。你可以由此看到苏轼这个人的个性，到了这样的生死关头，一开始以为是就地赐死，结果不是，只是五花大绑押送京师，生死未卜，他居然镇定如恒，说了个笑话。全家号啕大哭，他却给妻子讲了这么一个故事，让她宽心，破涕为笑。

苏轼被捕，关到御史台（乌台）狱中，就是他生命中遭受的第一次生死攸关的打击。乌台诗案讲起来还蛮复杂的，并不都跟新政执行的政治斗争有关，还牵涉到有些人嫉恨苏轼，落井下石。元丰二年，御史中丞李定、御史舒亶弹劾苏轼，李定弹劾的资料来自与苏轼政见不同的沈括。我们心目中的沈括十分伟大，他的《梦溪笔谈》也的确写得很好，很有科学实证的精神。可是，科学家有好人也有坏人，他陷害苏轼这件事情，却是很确实的，不因他有科学头脑就在道德上没有缺陷了。舒亶上奏说："盖陛下发钱以本业贫民，东坡则曰'赢得儿童语音好，一年强半在城中'，陛下明法以课群吏，则曰'读书万卷不读律，致君尧舜终无术'，陛下兴水利，则曰'东海若知明主意，应教斥卤变桑田'，陛下谨盐禁，则曰'岂是闻韶解忘味，迩来三月食无盐'。"从他诗句中挑出违碍字眼，作为苏轼攻讦朝廷的证据。他八月十八日就被押解到汴京，关进御史台狱里面。御史台为什么叫乌台呢？因为御史台有很多柏树，也称作柏台，上面栖息了成群的乌鸦，所以通称乌台。

我们讲讲沈括怎么打小报告的事。沈括跟苏轼原本在朝中共事，讨论新政的时候，经常意见不同，沈括赞成王安石的新法，苏轼总是觉得新法实施是很有问题的。苏轼后来就调到外面，去杭州做通判了。到杭州去做二把手，苏轼还是很满意这个安排的。不久之后，神宗皇帝要沈括审查两浙施政，离开的时候，皇帝特别跟他交代，苏轼通判杭州，你去了要好好对待他。结果沈括到了杭州，就跟苏轼论旧，是老朋友相见言欢。苏东坡写字很有名，是大书法家，宋代四大家之一。沈括说，你给我写首诗！有的书上说，沈括处心积虑，请苏东坡把他的诗抄成一本，意图诬陷，看来不是。真实的情况应该是，沈括呈上巡查两浙的调查报告，附上了苏轼写给他的诗，说苏轼是在批评政府，抱怨政府新法的执行。后来李定跟舒亶真的开始陷害苏轼的时候，沈括打的小报告就成了先例，拿苏轼的诗句作为罪证。沈括只给了一首，李定和舒亶变本加厉，就开始广求苏东坡的所有诗词，搜集一切苏轼的诗作，要给他定罪。过了多年之后，到了元祐年间，苏东坡东山再起，到杭州当太守，沈括闲置在今天的镇江，对苏东坡非常恭敬，苏东坡就看不起他的前倨后恭。他们本来是朋友，政见不合是一回事，卖友求荣却是完全不同性质的事。所以这里头有一个做人的道理，当时是经常见面的朋友，只是意见不同，但是后来却借机陷害，等到自己失势，苏轼再度风光，他又回头表示得很恭敬，这个人的人品就是有问题，虽然学问好，但是做人有差，是个势利小人。其实，李定的情况也相似，因为政局的变化，后来苏轼复出，召回朝廷担任重职的时候，李定前倨后恭，在青州大摆筵席招待苏轼，以图和解，也可看到小人的嘴脸。苏轼的遭遇，可以让我们思考人生，思考做人态度。类似的事情几乎在每个人的生命历程都会发生，人年纪大了以后就知道好多事情，历史都会记上一笔。

苏轼在杭州任通判时，写了一首《戏子由》，是写给他弟弟的一首玩笑诗，可后来变成罪证。这首诗充满了调侃与讽刺，主要是调侃他弟弟，也调侃自己，当然同时也调侃别人。诗中有这样的句子："任从饱死笑方朔，肯为雨立求秦优。……读书万卷不读律，致君尧舜知无术。劝农冠盖闹如云，送老斋盐甘似蜜。……平生所惭今不耻，坐对疲氓更鞭棰。道逢阳虎呼与言，心知其非口诺唯。"都是感慨他在当杭州通判的时候，执行新法政策，让他们兄弟感到可笑的事情，搞得老百姓不得安生，官员也是阳奉阴违，口是心非，这些诗句后来都变成他攻讦朝廷的主要罪证。

他在御史台牢中待了一段时间，神宗皇帝想要算了，结果宰相王珪说，苏轼暗恨皇上，有诗为证。在那首写给王复的诗中就说"根到九泉无曲处，世间惟有蛰龙知"，是欺君之罪。苏轼不求你真龙天子，反而去地下求暗龙，就是讽刺皇帝你的。王珪一心陷害苏轼，说苏轼有不臣之意，说他写诗是针对皇帝而来的，把神宗吓了一跳，回应说，苏轼虽然有罪，他写那些诗可能只是一时感慨，不至于有叛乱之心，王珪为之语塞。章惇（子厚）虽然与苏轼政见不同，也在旁边缓颊，总算让苏轼免掉了亵侮皇帝之罪，后来章子厚对叶梦得说："人之害物，无所忌惮，有如是也。"王珪身为相国，居然这个样子，非要害死人不可！可是我们也不要忘了，这个章子厚就是贬谪苏东坡到惠州的主要人物，他后来对苏轼也挺坏的。

苏轼在牢里头待了130天，从八月十八日，一直关到十二月二十六日，一直到快过年了，才放出来。儿子给他送牢饭的时候，他跟他儿子有个约定，可以送所有的食物，但是不要送鱼，送鱼就表示判了死罪。有一次他儿子不在，托人给他送牢饭，那个人想着给他送点好吃的，就给他送了一条鱼，他这一下觉得自己死定了，没办法，就写了两首绝命诗给他弟弟，第一首是：

圣主如天万物春，小臣愚暗自亡身。

百年未满先偿债，十口无归更累人。

是处青山可埋骨，他年夜雨独伤神。

与君世世为兄弟，更结来生未了因。

这首诗有小序曰："予以事系御史台狱，狱吏稍见侵，自度不能堪，死狱中，不能不一别子由，故作二诗授狱卒梁成，以遗子由。"我们从诗序知道，后来帮他传递两首诗的狱卒名字叫梁成，也算是青史留名了。

第二首：

柏台霜气夜凄凄，风动琅珰月向低。

梦绕云山心似鹿，魂飞汤火命如鸡。

额中犀角真君子，身后牛衣愧老妻。

百岁神游定何处？桐乡应在浙江西。

这两首诗都显示了他对亲人的思念与不舍，更对连累了他们深感惭愧。苏轼被关起来以后，他曾经服官的地方，例如杭州、徐州、湖州的老百姓都烧香拜佛，保佑他可以平平安安，所以他说我死了，我的灵魂会到浙江西，与爱戴的群众一起。关了130天以后，经过御史台与大理寺的法律纠缠，最后由神宗拍板，把他放出来了。他刚一出狱，正逢立春，感到无限解脱，春风满面，就写了两首诗。这两首诗非常有趣，居然是次韵原先的绝命诗，也有序："十二月二十八日蒙恩责授检校水部员外郎黄州团练副使复用前韵二首"：

百日归期恰及春，残生乐事最关身。
出门便旋风吹面，走马联翩鹊啀人。
却对酒杯浑是梦，试拈诗笔已如神。
此灾何必深追咎，窃禄从来岂有因。

平生文字为吾累，此去声名不厌低。
塞上纵归他日马，城中不斗少年鸡。
休官彭泽贫无酒，隐几维摩病有妻。
堪笑睢阳老从事，为余投檄向江西。

他一出狱就得意万分、意气风发，写了这两首很好的诗，然后就踏上征途，去了黄州。第一首最有趣，因为他似乎完全忘了因写诗遭到大狱，一出来就说"却对酒杯浑是梦，试拈诗笔已如神"，真是好了伤疤忘了疼，也反映了他豁达开朗的性格。苏轼遭人陷害，过去的事就过去了，他不再计较，不再去想什么人怎么陷害他，而且他后来官拜礼部与吏部尚书，位高权重，也没有去整过别人。

（四）

苏轼贬到黄州的时候，先借住在定惠院，房子都没有，住在庙里头。第二年，他才在城外东坡得到一块地，自号"东坡居士"。冬天下雪的时候，他盖了一个房子，就叫作东坡雪堂，把他的妻子儿女安顿在临皋这个地方，也在附近。黄州有名胜赤鼻矶，当地人传说就是赤壁鏖兵之处，但并不是历史上真的三国赤壁，苏轼由此得到不少创作灵感。

他初到黄州写了一首诗，其中有句：

自笑平生为口忙，老来事业转荒唐。

长江绕郭知鱼美，好竹连山觉笋香。

刚到黄州，连房子都没有，住在定惠院，心态居然还如此乐观。虽然贬谪到黄州，身无长物，打到了社会底层，但是黄州这个地方，在长江边上，物产丰饶，有鱼有笋可吃，也很令人开心。这时他已经放弃了仕途的向往，只希望能够安安稳稳过日子，虽然不担心眼前的迫害，但是梦中还是害怕的：

少年辛苦真食蓼，老景清闲如啖蔗。

饥寒未至且安居，忧患已空犹梦怕。

过了一年，他写了《赤壁赋》，再过了一段时间，他又写了《后赤壁赋》。从文学写作修辞的角度来讲，古来评论认为，《后赤壁赋》比较空灵，从文字构局到叙述铺展，都比较好。可是，要了解苏东坡的心境，体会他如何达到超脱豁达的心理状态，《前赤壁赋》说得比较清楚。他已经是遭难之身了，但是文章反映的心境，却跟他在密州写的《超然台记》是前后呼应，而且更能结合自身遭遇，洞察生命的意义。从这一点我们就知道，苏轼在他事业还算顺遂的时候，能够体会一些超然的人生境界；等到他遭难的时候，也能超脱困厄限制的环境在精神境界更进一步，有所升华。

《前赤壁赋》中，客说，曹操一代枭雄，但是到最后也是灰飞烟灭了，人生的奋斗还有什么意思？苏东坡回答说："客亦知夫水与月乎？逝者如斯，而未尝往也；盈虚者如彼，而卒莫消长也。盖将自其变者而观之，则天地曾不能以一瞬；自其不变者而观之，则物与我皆无尽也，而又何羡乎？且夫天地之间，物各有主，苟非吾之所有，虽一毫而莫取。惟江上之清风，与山间之明月，耳得之而为声，目遇之而成色，取之无禁，用之不竭，是造物者之无尽藏也，而吾与子之所共适。"这里就显示了苏轼超脱的心态与思想境界。就是说，你可以从天地的角度、时间的角度看人，好像是沧海一粟，人生短暂。但是如果从自己的角度来看，我们能够体会自己生命的历程，那么，我们可以共享清风明月，物我无尽，也没什么好羡慕天长地久的。我们不应当纠缠于物欲，应该放宽胸怀，让自己的精神境界有所超升。这是苏东坡熟读《庄子》之后，体会的人生意义，生命有具体的短长，我们会生老病死，可是我们在生命当中，我们也有无限想象空间，可以开拓精神的世界，能够体会我们生命的快乐。也就在这段时间，他写了大家很熟悉的《念奴娇·赤壁怀古》：

大江东去，浪淘尽，千古风流人物。

故垒西边，人道是，三国周郎赤壁。

乱石穿空，惊涛拍岸，卷起千堆雪。

江山如画，一时多少豪杰。

遥想公瑾当年，小乔初嫁了，雄姿英发。

羽扇纶巾，谈笑间，樯橹灰飞烟灭。

故国神游，多情应笑我，早生华发。

人生如梦，一尊还酹江月。

我们把这首词放回到他的人生背景里面去，就可以体会他的超脱心境。

前面讲的是他的精神，下面来讲讲他的生活，特别是他贬到黄州之后的生活态度。他很有意思，把很多日常生活的东西跟精神生活的态度连在一起，谈论形而上的禅思，居然以吃肉打比方，强调要接地气。他在杭州与朋友谈禅，就表露了"酒肉不碍菩提路"这样的论调：

> 陈述古好论禅，自以为至矣，而鄙仆所言为浅陋。仆尝语述古："公之所谈，譬之饮食，龙肉也。而仆之所学，猪肉也。猪之与龙，则有间矣。然公终日说龙肉，不如仆之食猪肉，实美而真饱也。"

> 东坡食肉诵经，或云："不可诵。"坡取水漱口，或云："一碗水如何漱得？"坡云："惭愧阇黎会得。"

东坡又吃肉，又念经。别人说东坡不应当这样，他就漱漱口，还是照样吃肉。东坡还很会做菜，会做鱼羹。到了元祐四年，他回到杭州担任太守了，回忆起自己在黄州东坡的时候，曾经亲手做过鱼羹，还请客，别人都说好吃。现在在钱塘享受了各种美味，又要请客做饭，显显手艺。所以东坡又给大家做鱼羹，客人就说："此羹超然有高韵，非世俗庖人所能仿佛。"苏东坡还会酿酒，他在黄州的时候就请了一个朋友教他做酒，但是东坡酒不太好，喝的人都拉肚子，所以他就不再做了。一直到了惠州，他又酿了酒，做了桂酒与真一酒，这一次似乎是成功了，没有记载说拉肚子了。

在黄州，他发明了东坡肉的做法，还很得意地写了一首《猪肉颂》："净洗铛，少着水，柴头罨烟焰不起。待他自熟莫催他，火候足时他自美。黄州好猪肉，价贱如泥土。贵者不肯吃，贫者不解煮，早晨起来打两碗，饱得自家君莫管。"这首诗，就是东坡肉的食谱。你去杭州，当地人会说东坡肉是在杭州发明的，但其实他是在黄州东坡这个地方发明的东坡肉，因为价廉物美。

元丰五年（1082）三月四日是寒食节，是苏轼在黄州度过的第三个寒食，淫雨绵绵已经连续了两个月，没想到又来了倾盆大雨，眼看江水都要漫进屋里，炉灶都湿了，点不起炉火，才发现是寒食日，不禁写了《寒食雨》二首：

自我来黄州，已过三寒食。

年年欲惜春，春去不容惜。

今年又苦雨，两月秋萧瑟。

卧闻海棠花，泥污燕支雪。

暗中偷负去，夜半真有力。

何殊病少年，病起头已白。

春江欲入户，雨势来不已。

小屋如渔舟，蒙蒙水云里。

空庖煮寒菜，破灶烧湿苇。

那知是寒食，但见乌衔纸。

君门深九重，坟墓在万里。

也拟哭途穷，死灰吹不起。

这两首诗写得十分凄凉，给人一种穷途末路、活不下去的印象。《寒食帖》的真迹依然存世，是书法名帖，被誉为中国史上第三名帖，仅次于王羲之的《兰亭序》与颜真卿的《祭侄帖》。虽然字迹大大小小，甚至还有改正的错别字，但有一种不可思议的美好节奏与韵味。书迹笔势恢弘，一气呵成，是伟大艺术家随兴的展现。

寒食节大雨过后，他想去相地置产，还写过很重要的一首词——《定风波》。黄州东南三十里，有沙湖地方，风景不错，他就和朋友一起过去相田。原本是晴天，但是突然又下起大雨，没有带雨具，大家都很狼狈。但是苏轼非常坦然地走在雨里面，还写了这首词，表现了他乐观的人生态度：

莫听穿林打叶声，何妨吟啸且徐行。

竹杖芒鞋轻胜马，谁怕？一蓑烟雨任平生。

料峭春风吹酒醒，微冷，山头斜照却相迎。

回首向来萧瑟处，归去，也无风雨也无晴。

这首词写得好，不仅是诗词技巧的问题，更是反映出了苏东坡的人生态度。这是他的人生低谷时期，在狱中逃过了死神的召唤，贬官到了黄州，住了三年，家当差点被水淹没，出行又遇到一场大雨，但是诗中反映的态度却是风雨无惧，昂首阔步向前走。时常有朋友向我索字，指明了要我写《定风波》，因为这首词给他们带来人生困境中的宽慰，让他们继续鼓舞前行。

苏轼虽然无惧风吹雨打，高歌前行，却抵不住风寒入侵，生了一场病。他到蕲水去看一位名医，同时到当地的清泉寺游览，写了《浣溪沙》一词：

山下兰芽短浸溪，松间沙路净无泥，潇潇暮雨子规啼。

谁道人生无再少？门前流水尚能西！休将白发唱黄鸡。

清泉寺旁的兰溪，溪水竟然不是东流水，而是向西流的，触发他的灵感。他的态度体现得非常明确，非常乐观，认为或许自己有一天也可以时来运转。

元丰六年（1083），他贬居黄州的第四年，写了一篇短文《记承天寺夜游》：

元丰六年十月十二日夜，解衣欲睡。月色入户，欣然起行。念无与乐者，遂至承天寺寻张怀民。怀民亦未寝。相与步于中庭。庭下如积水空明，水中藻荇交横，盖竹柏影也。何夜无月？何处无竹柏？但少闲人如吾两人耳。

这一篇散文很短，却很有意思。我初中的时候读过这篇文章，觉得非常清丽、有韵味，读了感到诗意盎然，有余不尽。

但是我那时年轻，没有想过，其实他写这一篇文章的时候，是他谪居黄州，人生最困顿的时候，月色空明的小小乐趣，让他心灵有所安慰，感受生命经历的喜乐。从这篇文章看他的心路历程，是非常有意义的。

元丰六年十月，他的第四个儿子干儿出生了，他借此发了一顿牢骚，指桑骂槐，写了一首《洗儿戏作》：

人皆养子望聪明，我被聪明误一生。

惟愿孩儿愚且鲁，无灾无病到公卿。

写这一首诗，把所有的高官都骂尽了。这第四个儿子是他的侍妾朝云生的，朝云最有名的故事就是：苏轼问别人，自己肚皮里容纳的是什么？别的人都说，他肚子里有学问、有诗歌，唯独朝云说，学士一肚子不合时宜。他很喜欢朝云，朝云陪着他遭贬流亡岭南，最后死在惠州。这充满谐趣的诗，是写给朝云和他的孩子的，但是很可惜，这个孩子一岁就夭折了。

到了元丰七年（1084），神宗皇帝还是很挂念苏轼，觉得人才难得，想要把他召回来，给他个太守级别的官做，但是宰相王珪在底下掣肘，不让他回朝任官。皇帝也顾及执政团队的整体人事安排，就按照现在的官位身份，把他转移到别的地方，下面的人也很难阻挡这种"量移"。其实，把苏轼移置为"汝州团练副使，本州安置"，表面是换个地方，实际就是让苏轼离开遭贬的黄州，脱除贬逐的身份。于是，苏轼终于离开了贬谪五年的黄州，一路沿着长江东下，游山玩水，沿途探访亲友。经过庐山的时候写了一些诗，其中《题西林壁》是最著名的："横看成岭侧成峰，远近高低各不同。不识庐山真面目，只缘身在此山中。"这首诗非常有哲理，对世事可以有不同的理解，有多元的认识，看事情从这个角度看，跟从那个角度看，其实不一样，你从高处看，从低处看也是不一样的。同是一座庐山，只要你身在其中，角度不同，看到的景象就不同。人也一样，不同的处境与环境，看到的就有所不同。不识庐山真面目，只缘身在此山中，其实大家都有自己一定的局限性。这首诗让我们看到他的豁达开放心境，其实是经历了贬谪的磨砺与锻炼，有了更上一层楼的升华，不是单纯的像刚刚入学的大学生那样天真烂漫的乐观向上。他经过金陵，特别去探望与他政见不同的王安石，此时的王安石已经遭到新派人物的排挤，退隐在金陵郊区，两个人惺惺相惜，写诗唱和，成了莫逆之友。我们就发现，虽然他们政见不合，但是人品高尚，有为有守，可以做朋友，也可以引为知己。苏东坡去看他，两人一笑泯恩仇，相处十分愉快，相聚了一个月之久，人际关系就是这么微妙。

苏东坡期望自己可以告老致仕，在常州居住，因为他在阳羡地方买了田产，希望远离政治纷争。结果第二年神宗皇帝死了，整个政局变了，司马光当政，苏轼就被召回京师来了。司马光代表保守势力，推翻王安石的新法政策，苏轼认为应当就事论事，不要搞一刀切，惹得司马光很不高兴。但是不管怎么样，他还是当了翰林学士，也成了所谓的旧党。旧党当中的程颐也跟他关系不好，一方面是因为两人性格不合，另外是由于苏轼开了他一句玩笑，戏谑这位理学大师泥古不化，是个"鏖糟陂里叔孙通"，结果程颐的门人就追着他不放，对他攻讦不已。朝廷当中还有很多牵涉到权力的斗争，有种种不同的、地方派系的势力，很麻烦，所以苏东坡还是想要调到外边去，于是就离开了京城，这一次去杭州，做了杭州太守，第一把手。他这次在杭州当官，干了许多流传千古的实事，带着老百姓疏浚西湖，我们现在看到的苏堤就是那个时候做的，把湖底的泥沙堆积起来。他在那里待了两年，一直受到不断的弹劾。

一直到了元祐八年（1093），有八年的时间，他的日子是好过的。他被任命为吏部尚书、兵部尚书、礼部尚书，还外放为颍州太守、扬州太守等职务。元祐时代过了之后，哲宗亲政，新党回朝，东坡就又被贬官了。苏东坡这样的人，在朝中工作是比较麻烦的，因为他自成一国，不肯清楚地站边站队，虽然他基本的态度是跟旧党比较接近，但是他都是就事论事，这就很麻烦。他也知道自己直言不讳的性格，很希望调到外面去当地方官。但到最后，新党重新掌权，打击所有旧党人物，结果遭贬惠州，流放岭南。他被贬到惠州之后，就再也没有回到政坛，他那个时候五十八岁。

（五）

苏东坡个性诙谐幽默，为人不拘小节，很有名士风度，但思想独立，有自己经世济民的理念，不肯委曲求全，在政坛上就难免引起冲突，让政见不同的人觉得他恃才傲物，难以合群。有几件逸事流传很广，宋代记载就言之凿凿，即使只是传说，至少反映了大家心目中的东坡性格。

在朝中任翰林学士给皇帝讲书的时候，另一位侍讲是程颐。苏东坡是一个诙谐、豁达的人，讲话有时口不择言，一针见血，不给人留下余地。我们当代也有很多人是这样，最典型的例子是钱钟书，经常会得罪人，杨绛就要帮他挽回。程颐这人很刻板，满脑子存天理，灭人欲，是个道学先生。司马光去世，吊丧那一天，太庙还有大典，举行礼仪。群臣参加了典礼之后，苏轼要带着大臣们去吊唁司马光，但是程颐不准，理由是《论语》说"子于是日哭，则不歌"。就是这一天有了悲伤的事，就不可以再欢乐了。有人反驳：他们是参加典礼之后再去吊唁，孔子又没说"子于是日歌，则不哭"。苏轼当众讥笑程颐说："伊川可谓鏖糟陂里叔孙通。"叔孙通为汉朝定朝仪，人人都规规矩矩上朝，苏轼却说程颐泥古不化，是乡下老土定规矩。林语堂在《苏东坡传》里面说，这件事播下了仇恨的种子。程颐的门人当然饶不过苏东坡，我们不知道程门弟子诬陷苏轼的具体细节，或许是程颐也记恨苏轼，对自己的弟子约束得不够，因为他们弹劾苏轼不止一次。程颐作为儒学大师，让他的弟子一直攻击苏轼，这恐怕不太合适。他们两个人在朝廷吃饭的事情上，也发生过冲突。苏东坡做翰林学士，给皇帝讲疏，大臣在朝中吃饭，厨房问吃什么，"苏令办荤，程令办素，时馆内附苏者令办荤，附程者令办素"。苏轼爱吃，程颐则只讲节俭，过生日都不设宴。苏轼喜书画收藏，品茶吟诗，程颐则说"吾平生不啜茶，亦不识画"。性格冲突是个麻烦，程颐一切以德性为上，以苦行僧的标准要求别人，看苏轼不顺眼，苏轼当然也看他不顺眼。这不仅仅是政见的问题，也是性格问题，在政治运作上不能合作。

有一件事情，连司马光都觉得程颐有点过分。程颐给幼年的哲宗皇帝讲课，哲宗随手折了一根柳枝，程颐严肃地劝谏说："方春万物生荣，不可无故摧折。"哲宗一听，很不高兴地把柳枝扔了。事后司马光和太后都认为程颐此举不妥。司马光觉得程颐的行为迂腐，不是启导年轻人的教育方法，只能造成皇上讨厌儒生的后果。程颐（伊川）与哥哥程颢（明道）个性也有差异。记载说：明道与伊川同入庙，明道见佛，揖而进，伊川则否。门人问之，明道曰：但论年齿，他也比我多几岁，一揖何妨？兄弟同应邀赴宴，席上有妓，程颢对妓女不以为意，程颐则离席而去。程颐次日质问程颢，程颢回答："昨日席上有妓，我心中无妓；今日室中无妓，你心中有妓。"从这几个细节，我们可以看出来程颐这个人很古板，和苏东坡发生冲突，我们也可以理解。

苏东坡在杭州做太守，有个故事体现出苏东坡游戏人生的态度。灵隐寺里面有一个僧人了然爱上了一个妓女李秀奴，不久把钱花光了，李秀奴就不再理他。有一天，了然过去找李秀奴，她不肯搭理，他就随手把李秀奴打死了。到了杭州府，由太守苏轼审理案件，看到这个和尚身上刺青说："但愿同生极乐国，免如今世苦相思。"苏轼就写了一首词："这个秃奴，修行忒煞。云山顶上空持戒。一从迷恋玉楼人，鹑衣百结浑无奈。毒手伤人，花容粉碎。空空色色今何在。臂间刺道苦相思，这回还了相思债。"判了死刑。我们不能确定这个故事的真实可靠性，然而却反映了民间对苏东坡的印象。判案写判词，洒脱任性，像游戏一样，随意展示恣肆的才华，很像小说家笔下的坡仙，游戏人间，妙趣横生。

苏轼与黄庭坚的关系是亦师亦友，两人时常互相调侃，在文字上戏弄对方。有一次，黄鲁直戏弄东坡说："昔右军书为换鹅书，近日韩宗儒性饕餮，每得公一帖，于殿帅姚麟家换羊肉数斤，可名公书为换羊书矣。"讲的是王羲之写字换鹅的故事，笑韩宗儒拿着东坡的字去换羊肉吃，所以东坡的字可以称之"换羊书"。这时苏东坡是翰林学士，并不以为忤，还觉得有趣。一天韩宗儒致简相寄，希望他接了信之后赶紧写回信。来人督索甚急，苏东坡就打趣说："传语，本官今日断屠。"

这些有趣的故事，反映了苏轼诙谐的个性，其实应该是很容易与人相处的。但是不论个性多么诙谐随和，一旦牵涉到党派的政治斗争，还是难免腥风血雨，往死里整。所以，新党重新上台，苏轼就成了打击重点，贬到了惠州，流亡岭南。

他到惠州，一开始住在官府宾馆，后来借住嘉祐寺，住到了庙里。一天到郊外去爬山，想去山上的松风亭玩，爬了一半爬不动了，突然有感人生困境的挫折，再一想，若是一切都能放下，就解脱了，因此写了一篇《记游松风亭》：

> 余尝寓居惠州嘉祐寺，纵步松风亭下。足力疲乏，思欲就亭止息。望亭宇尚在木末，意谓是如何得到？良久，忽曰："此间有甚么歇不得处？"由是如挂钩之鱼，忽得解脱。若人悟此，虽兵阵相接，鼓声如雷霆，进则死敌，退则死法，当恁么时也不妨熟歇。

反正掌握朝政的都是政敌，贬谪岭南的意思就是不期望你回来，最好是瘐死异乡。苏轼看透了这一点，从爬坡感到力不从心而有所感悟，爬不动了，就在这里歇息，干脆躺平了，也没什么不行的。

他的朋友章质夫任广州太守，老远送了六壶酒给他，还写了信以为慰问，却不小心在路上酒打翻了，信到酒未到。苏轼倒很看得开，而且触发了他秉性诙谐的诗兴，写了《章质夫送酒六壶，书至而酒不达，戏作小诗问之》一诗，用了不少典故，对仗妙绝，充满了谐趣：

> 白衣送酒舞渊明，急扫风轩洗破觥。
>
> 岂意青州六从事，化为乌有一先生。
>
> 空烦左手持新蟹，漫绕东篱嗅落英。
>
> 南海使君今北海，定分百榼饷春耕。

第一个典故说的是白衣人送酒给陶渊明，渊明高兴得手舞足蹈，赶紧打扫轩廊，洗净装酒的觥觥。第二个典故出自《世说新语》，是说桓公有主簿，善于辨别酒的好坏，好酒称"青州从事"，劣酒叫"平原督邮"，"青州六从事"指的是六瓶好酒。第三个典故出自司马相如《子虚赋》，"乌有先生"就是子虚乌有，六瓶酒没了。第四个典故是毕卓持螯把酒，现在没酒喝了，只剩下手持新蟹。第五个是陶渊明采菊东篱，酒没送到，只好绕着东篱嗅菊花了。第六个则说广州太守（南海使君）章质夫有如孔融（孔北海），宾客盈门，酒樽不空，可以陆续再送酒来。

这首诗显然是文字游戏，不仅化用了一连串典故，而且对仗妙绝，出人意表。把文字在诗中玩得这么出神入化，使得古来的评论家叹为观止，好评不断。吴曾在《能改斋漫录》中说："文之所以贵对偶者，为出于自然，非假于牵强也。"过去有人以"白水真人，青州从事"作为对仗，一指白银，一指好酒，"至若东坡得章质夫书，遣酒六瓶，书至而酒亡，因作诗云：'岂意青州六从事，化为乌有一先生。'二句浑然一意，无斧凿痕，更觉其工"。方回在《瀛奎律髓》中说："'青州''乌有'之联既切题，'左手''东篱'一联，下'空烦''漫绕'四字，见得酒不至也。善戏如此。"到了清代的赵翼，在《瓯北诗话》也盛赞东坡是文字天才："诗人遇成语佳对，必不肯放过。坡公尤妙于剪裁，虽工巧而落纤佻，由其才分大也。……此等诗虽非坡公着意之作，然自然凑泊，触手生春，亦见其学之富而笔之灵也。"我们从这一首游戏之作，还可以窥知东坡随遇而安的心态，遭到不顺意的情况，依然怡然自得，甚至可以自我调侃，作为抒怀的玩笑。

生活在罗浮山下的惠州，气候温暖，水果丰盛，春天有卢橘、杨梅可吃，最美味的却是荔枝：

> 罗浮山下四时春，卢橘杨梅次第新。
> 日啖荔枝三百颗，不辞长作岭南人。

这一首诗非常有名，写贬官到了蛮荒的岭南了，居然因祸得福，得了从未有过的口福。高高兴兴吃起荔枝，说了好吃还不够，居然"不辞长作岭南人"，引人羡慕。贬谪生活中自得其乐，本来也无可厚非，但是夸耀生活的惬意，就会引起本来就一直打压他的人，更是羡慕嫉妒恨。他还有一段谈论荔枝文字，形容荔枝之美味，无与伦比：

仆尝问："荔枝何所似？"或曰："荔枝似龙眼。"坐客皆笑其陋。荔枝实无所似也。仆云："荔枝似江瑶柱。"应者皆怃然，仆亦不辨。昨日见毕仲游，问："杜甫似何人？"仲游曰："似司马迁。"仆喜而不答，盖与曩言会也。

苏轼曾在他咏荔枝的诗中，自己加了注，说荔枝之美，绝对超过任何其他水果。真要去找可比的美味，可以比江瑶柱与河豚，都是天下第一美味。由此可以看到，在东坡心中，有一些美好的事与人，荔枝、江瑶柱、杜甫、司马迁，在审美的境界上，都属于最高的等级，都是他最喜爱的。他这种跳跃式的审美联想方式，值得我们注意，很像当代意识流，上天下地，人事自然，全都贯穿在个人的美好体会之中。

在惠州的时候，他感到生活十分闲适，住的环境不错，而且给自己在白鹤峰盖了新居，为此写了一首《纵笔》：

白头萧散满霜风，小阁藤床寄病容。
报道先生春睡美，道人轻打五更钟。

据说这首诗传到京师，给章子厚听到了，觉得苏轼贬到惠州，居然安居乐业，睡得稳稳的、美美的，道人清晨敲钟都轻轻的，怕吵醒了春睡的东坡先生，过起好日子来了。贬谪的目的是惩罚，是让他困苦窘迫，吃尽苦头，岂料苏轼居然生活得如此惬意，是可忍孰不可忍，于是，再次下令，把他贬逐到更荒远的海南去。写诗惹祸，也成了苏轼的家常便饭。

到了海南，他秉性不改，还继续写文章、写诗。元符二年（1099）正月十五日，他在儋州，写了一篇小文：

> 己卯上元，予在儋州，有老书生数人来过，曰："良月嘉夜，先生能一出乎？"予欣然从之，步城西，入僧舍，历小巷，民夷杂糅，屠沽纷然。归舍已三鼓矣。舍中掩关熟睡，已再鼾矣。放杖而笑，孰为得失？过问先生何笑，盖自笑也。然亦笑韩退之钓鱼无得，更欲远去，不知走海者未必得大鱼也。

文中的"过"，是随他流亡到海南的儿子苏过，问他为什么高兴大笑。他就想到了韩愈，韩愈当年贬谪潮州，写过一首钓鱼诗，说在岸边没钓到鱼，就希望去大海中钓大鱼，也就是希望回到朝廷当大官。苏东坡觉得，这很难说，大海中未必能钓到大鱼，贬到海外不一定能回到朝廷，更不一定能当上大官。

他在海南还写过一首《汲江煎茶》，很有名，写他独自一个人，夜深人静的时候，去小溪中舀水烹茶。杨万里觉得这首诗写得好，好得不可思议，特意写了一首诗评，逐字逐句，说这首诗怎么怎么好，韵味无穷：

> 活水还须活火烹，自临钓石取深清。
>
> 大瓢贮月归春瓮，小杓分江入夜瓶。
>
> 雪乳已翻煎处脚，松风忽作泻时声。
>
> 枯肠未易禁三碗，坐数荒村长短更。

清代的汪师韩也觉得这首诗"舒促离合，若风涌云飞"，可称绝唱，杨万里解释得过于琐碎，反而破坏了全诗的意趣神色。纪昀与翁方纲也都批评杨万里解诗过分仔细，字斟句酌，好像是门外汉说诗，全无余韵了。且不论诗评家的不同意见，大家都同意这首诗写得好，情趣也很好。写他在海南荒村，深夜时分独饮的情趣，从取水到煎茶，每一个步骤都写得诗意盎然。把宋朝当时点茶的规矩，取水烹茶，击拂拉花，所有的细腻程序一一展现。饮茶的审美情趣，在诗中表露无遗，进入了超脱尘俗的精神境界。苏东坡在点茶乐趣中，反映了他对日常生活点点滴滴的关注，从中汲取生命欢愉的来源。这首诗清楚展示，他在海南最困顿的时候，也能在生活细节中找到乐趣。

在他生命的最后一年，他终于被召回中土。当他离开海南的时候，写了《澄迈驿通潮阁》一诗，表达了他叶落归根的想念，看到琼州海峡对面的青山一发，感慨万分：

倦客愁闻归路遥，眼明飞阁俯长桥。
贪看白鹭横秋浦，不觉青林没晚潮。
余生欲老海南村，帝遣巫阳招我魂。
杳杳天低鹘没处，青山一发是中原。

等到他离开岭南，过大庾岭的时候，更是感慨万千，写了一首诗：

鹤骨霜髯心已灰，青松夹道手亲栽。

问翁大庾岭上住，曾见南迁几个回？

这个时候他已经很老了，六十五岁了。这首诗有个故事，《独醒杂志》记载：

> 东坡还至庾岭上，少憩村店，有一老翁出，问从者曰："官为谁？"曰："苏尚书。"老翁曰："是苏子瞻欤？"曰："是也。"乃前揖坡曰："我闻人害公者百端，今日北归，是天佑善人也。"东坡笑而谢之，因题一诗于壁间云："鹤骨霜髯心已灰，青松夹道手亲栽。问翁大庾岭头住，曾见南迁几个回？"

他一路北归，到了江西虔州，写诗给朋友江公著，其中有这样的句子："钟鼓江南岸，归来梦自惊。浮云时事改，孤月此心明。"经历了半生坎坷，虽然得以全身北归，但是依然心有余悸。世事如浮云，经常变来变去，但是自己却是不改初心，天上的孤月可以作为明证。

他最后回到了早年买田置产的常州，已经病重了。过了不久，就逝世在常州。他死在一个朋友家里头，那个房子的遗迹还在，后来在明代改成了纪念苏东坡的祠堂，地点就是现在的苏东坡纪念馆。

我就讲到这里，苏东坡后半生经历坎坷，但他的情趣人生是很值得我们回味的。

读者1：

郑老师您好，我们一直说现在的人都非常喜欢苏东坡，都说他是自己很喜欢的文学家。但是我觉得他是一个非常别扭的人，不喜近交。是不是因为他的脾气性格，导致他的朋友圈会有一点孤僻？他有妻子，怎么还纳妾？是不是对女人不尊重？这是否对他的文学创作也有一点影响？

郑培凯：

苏东坡这个人并不孤僻，他的朋友很多，有很多人愿意跟他来往。跟他不好的人，往往是因为政治上的一些原因，意见不合。至于他对于妇女的态度，一千年前的婚姻家庭与男女关系，人们想事情方法，跟现在恐怕是很不一样。朝云进到他家的时候，苏轼的太太也都很高兴的，历史经历了一千年，变化会很大。苏东坡从来没有批评过神宗皇帝，他可能觉得皇帝是天子圣主，这个观念在他脑子里根深蒂固，可能也是真的。一千年后，我们现代人总觉得古代人真差劲，怎么可以没有民主观念！社会的演变与人的观念，经过一千年，变化是很大的。现在男女平等，一个男人怎么可以同时喜欢很多个女人呢？但是在古代，一直到二十世纪初，情况都跟现在很不一样。传统社会的一些价值观，跟我们今天有许多不同，我们也不好拿今天的标准去责备古人。不过，有些人际相处的关系，却古今变化不大。例如，沈括在做人上面，是有一点差的，卖友求荣是不好的。你交友的时候，因为性格不同或政见不同，你不喜欢他就算了，少跟他来往。可是你跟人家来往，却暗地打报告检举，做损人的一些事情，那就不太恰当。我想，你的问题一个是交友，一个是男人对女人的态度，在古代与现代是有不同。那个不同，古人生活在当时，他们可能不自觉，我们今天可以批判，可以让我们自己有一些对历史的体会。但是在那个时候，整个环境都是那样，似乎也不能过于苛求。人类文明的进步是很了不起的，但是我们对很多事情，应该有历史的认识。不要忘掉过去，不要忘掉历史发展，对做人处世有不同的理解，就会有不同的道德观念与做事方法。

读者2：

我想请教您，刚刚您也反复提到了，一个人他的命运跟他的性格是相关的。我一直以来都很好奇，就是他的弟弟子由，在他反复遭贬的过程中，命运也是会遭到牵连的，那请问他的弟弟子由是一个什么样的性格？

郑培凯：

他们两个性格不太一样。苏东坡比较喜欢讲话，苏辙不太讲话，可是两个兄弟非常好，互相扶持。每次苏东坡惹祸遭难，都是他弟弟来救。他弟弟做的官比他大，也跟他言行比较谨慎有关。我想，苏东坡比较外向的个性，洒脱放任，比较引人注意。他才气纵横，作品又多又好，传诵得比较广。唐宋八大家，苏家就出了三个人，但是我们一般比较知道的，多是苏轼的东西。苏轼下笔快，著作很多。你看他一出狱就高兴地写诗，连自己都觉得真是可笑，一出来就得意洋洋的。这是他的个性，的确会出事的。神宗皇帝还挺喜欢他的，有一些故事是宫里面讲的，等到后来神宗皇帝死了，太后跟他说，皇帝一直惦记着他。苏东坡贬谪在外，是不知道的，太皇太后跟他说了之后，他大哭了一场。可是皇帝有皇帝的职责，主导国家政策的方向，支持王安石新法，就得惩治一直反对新政的苏轼。但是后来新政在执行上出了问题，新党有不少人物的品行很差，王安石也被贬了。我觉得政策的实际施行是很麻烦的，因为一旦执行就要讲究效率与实际效果，宋代冗官很多，叠床架屋，官僚作风，让新法很难做好，经常成了扰民的措施。不管怎么样，相比于苏轼，苏辙在官场上，是比较幸运的。

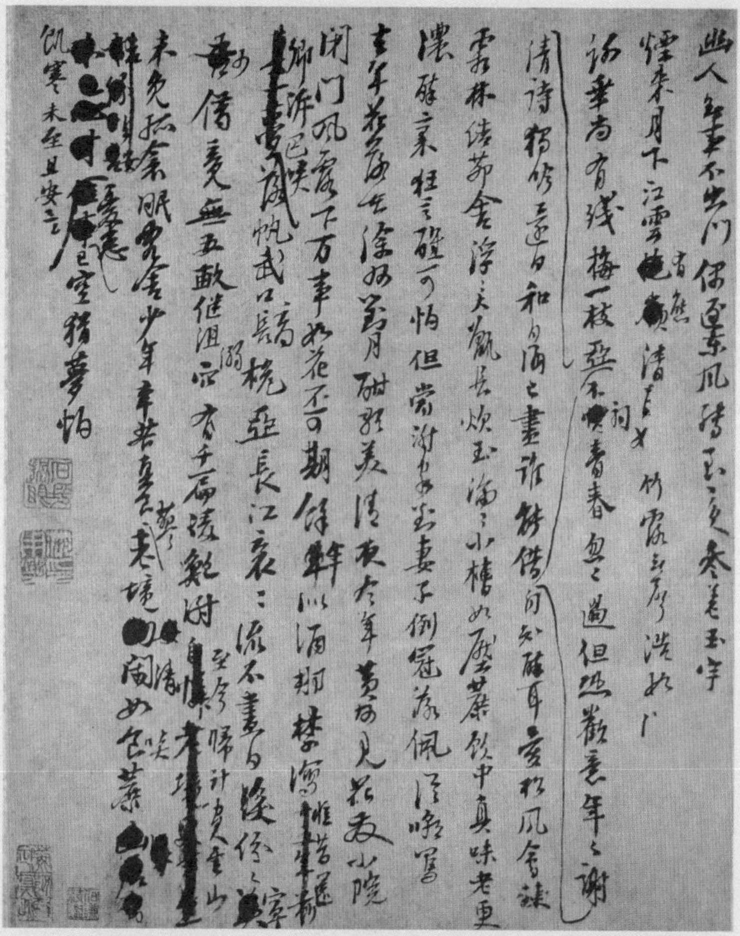

苏轼 《定惠院寓居诗稿》

臣轼

勑

姑熟帖弟三

去歲十二月廿八日准

授臣撿挍水部員外郎黃州團練

副使本州安置不得簽書本州公事臣已於

今月一日到州訖者狂愚冒犯固有常刑

仁聖哀矜特從輕典敢其必死許以自新祗

服訓詞惟知感涕誠惶誠恐頓首頓首

大念臣早賜新第誤辱搢紳觊覦冒署指

苏轼 《到黄州谢表》（局部）

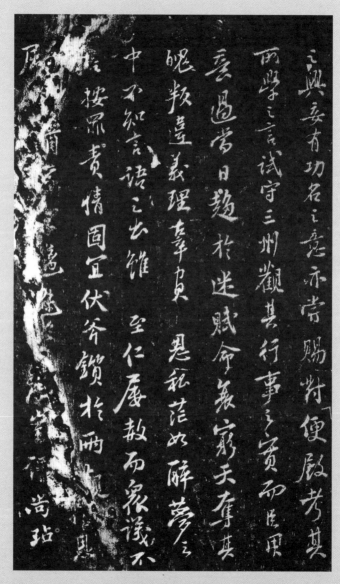

苏轼 《到黄州谢表》（局部）

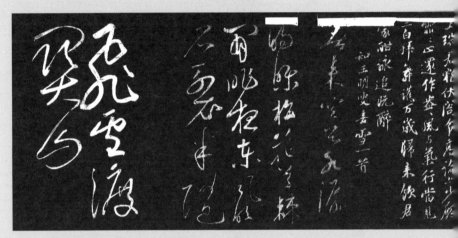

苏轼《梅花诗帖（宋拓）》（局部）

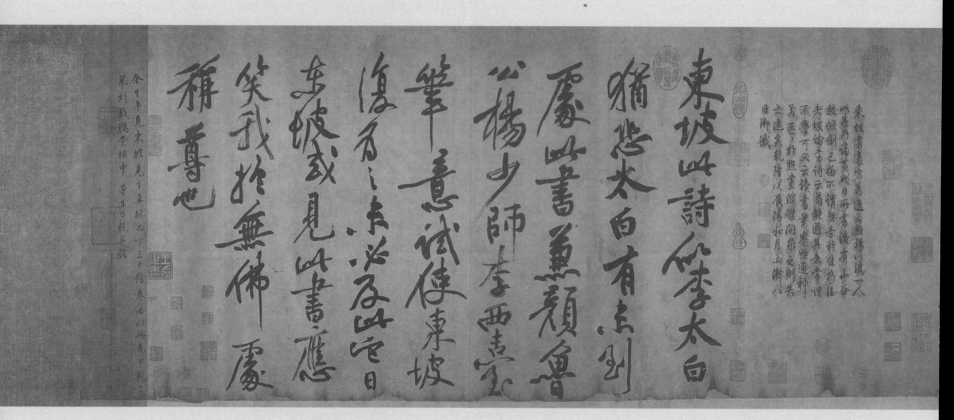

苏轼 《黄州寒食帖》（局部）

苏轼 《黄州寒食帖》（局部）

寓居定惠院之東
襍花滿山有海棠
一株土人不知貴也
日感而賦之
江城地瘴蕃草木
只有名花苦幽獨
嫣然一咲竹籬間
桃李漫山摠粗俗
也知造物有深意
故遣佳人在空谷
自然富貴出天姿不待
金盤薦華屋朱
唇得酒暈生
臉翠袖卷紗紅映
肉林深霧暗曉光
遲日暖風輕春
睡足雨中有淚亦
悽愴月下無人更
清淑先生食飽无
一事散步逍遥
自捫腹不問人家
門尚僧舍拄杖敲
門看脩竹無魚逢
絕豔照衰朽

苏轼 《海棠诗帖》（局部）

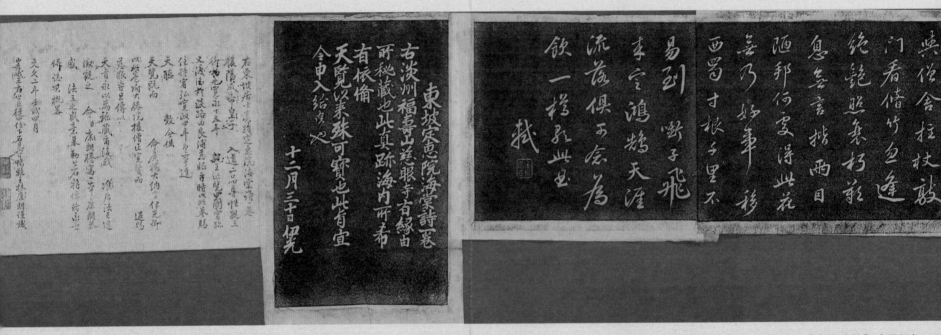

苏轼 《海棠诗帖》（局部）

冯至的叔祖冯学彰（前坐者）、四叔冯文潜（左三）、四婶黄扶先（右一）一家

大学时期的冯至（右二）和父亲冯文澍（左一）、哥哥冯承荣（前蹲者）及伯父、叔父、堂兄等合影

介绍了荷尔德林小说《徐培里昂》里的《命运之歌》，冯至深受感动，开始凭着自己浅陋的德语知识读荷尔德林的诗，并且把《命运之歌》翻译出来，在《沉钟》周刊上发表。抗战时期在昆明，冯至和四叔冯文潜又同在西南联大教书，成为同事。

我的四爷爷、四奶奶给了我们一家很多的帮助。胜利后，四爷爷回到天津南开大学，两家关系一直密切。

冯至生前常常怀念起这些对他有影响的人。

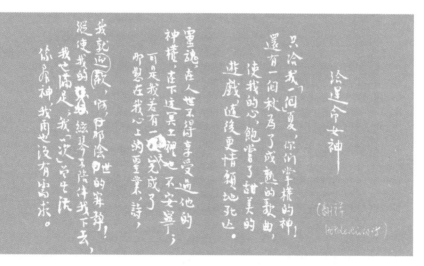

冯至早期译荷尔德林诗手稿——《给运命女神》。九十多年前写在一张薄纸上的手迹，居然能留存下来，不也是命运女神的意思吗？